De opstanding van Jezus

C. De Boer

Middelkerke 1996

Gerd Lüdemann / Alf Özen

De opstanding van Jezus

een historische benadering

Ten Have / Averbode

Oorspronkelijke titel: *Was mit Jesus wirklich geschah* / DieAuferstehung historisch betrachtet

ISBN 90 259 4665 8

D/1996/39/107
ISBN 90 317 1230 2
Nederlandse vertaling: Harmina van der Vinne
Ontwerp omslag: Harm Meijer
Illustratie omslag: Matthias Grünewald, De opstanding; fragment van het Isenheimer altaar, ca. 1515

Inhoud

Vooraf

In het voorjaar van 1994 verscheen mijn boek *Die Auferstehung Jesu. Historie, Erfahrungen, Theologie* (Radius-Verlag, Stuttgart). De daarin ontvouwde stellingen kregen veel publiciteit en ontlokten veel commentaar. Ze werden hartstochtelijk afgewezen in kringen die de ontkenning van de lichamelijke opstanding van Jezus als verraad aan het evangelie beschouwen en op grond daarvan werd aangedrongen op juridische stappen tegen de auteur. Anderen, die zich als moderne Christenen beschouwen, ging de uitspraak over de ontbinding van het lichaam van Christus te ver; zij verweten de auteur overschatting van de geschiedwetenschap en onderschatting van de theologie. Maar ondanks alle bezwaren en vormen van verzet heeft het boek sindsdien iets in beweging gezet en een gistingsproces ingeleid, dat een bijdrage levert aan de discussie over de vraag wat dient te worden verstaan onder 'opstanding'.

Van verschillende kanten werd kritisch opgemerkt dat het boek te wetenschappelijk, te gedetailleerd en voor leken te moeilijk toegankelijk zou zijn. Daardoor werd de belangstelling die in de gemeenten groeiende was ten aanzien van de opstanding en het bezig zijn ermee nogal bemoeilijkt of zelfs verhinderd. Ik geef toe dat de vaak nogal precieze speurtocht naar de waarheid zich dikwijls moet bezighouden met veronderstelde kleinigheden. Maar het zijn juist deze 'snippers', die, wanneer ze bijeengevoegd worden, vaak leiden tot het juiste verstaan. Juist op deze manier dient wetenschappelijk onderzoek te geschieden, wil ze tot goed gefundeerde resultaten komen. Daarom kon en mocht het boek niet alleen maar een 'leesboek' zijn.

De nu beschikbare en voor iedereen leesbare versie beoogt tegemoet te komen aan de veelvuldig uitgesproken wens om de wetenschappelijke resultaten van het onderzoek betreffende de opstanding van Jezus zodanig te beschrijven dat ze voor de leek begrijpelijk zijn. Daarom richt dit boek zich tot de 'geïnteresseerde leek'. Het was daarom noodzakelijk de tekst van de wetenschappelijke uitgave voor een deel aanzienlijk te bewerken. Deze taak heeft Alf Özen op zich genomen, in voortdurend overleg met ondergetekende.

Veel passages die voor het begrijpen van het geheel niet absoluut noodzakelijk waren, werden geschrapt, waaronder de meeste noten. Wie verwijzingen of literatuur voor de in het boek besproken thema's mist, zij met nadruk verwezen naar de wetenschappelijke uitgave. Tegelijkertijd is deze versie aangevuld met een aantal toelichtingen die weliswaar voor deskundigen vanzelfsprekend mogen worden geacht, maar die bij niet-theologen toch als niet bekend moeten worden verondersteld. Ik hoop dat het nu mogelijk geworden is om de gedachtengang gemakkelijker te volgen.

Wanneer deze, voor een ieder leesbare uitgave zou kunnen bijdragen tot de soms heftig gevoerde discussies over de opstanding van Jezus zowel in gemeenten als scholen, en tot verheldering van dit voor het christelijk geloof centrale thema, is haar hoofddoel vervuld.

Christine Wackenroder ben ik zeer erkentelijk voor het doornemen van het manuscript.

Gerd Lüdemann

1. Ter inleiding

De opstanding van Jezus is het centrale thema van de christelijke religie. Haar betekenis in kerk en theologie is van immens belang. Dagelijks troosten pastores mensen die rouwen met de boodschap van de opstanding van de doden, de kerk leidt haar bestaansrecht af van de haar door de Opgestane verleende volmacht, en de Opgestane is van meet af aan voor de wetenschappelijke theologie de garantie geweest voor de weg tot kennis in de theologie, zoals de citaten van drie vooraanstaande theologen dit onderstrepen:

'De vraag naar de opstanding van Jezus Christus is een, wellicht zelfs *de* sleutelvraag van het christelijk geloof. In deze vraag liggen, ook als de doorsnee Christen er zich misschien nauwelijks van bewust is, de beslissingen besloten voor bijna alle andere vragen van geloof en theologie.'[1]

'Het christendom staat en valt met de werkelijkheid van de opwekking van Jezus uit de doden door God.'[2]

'Het christendom, voorzover dat zich kenmerkt in een zich toewenden tot Jezus van Nazareth als de levende en zich tot nu manifesterende Christus, begint bij Pasen. Zonder Pasen geen evangelie... Zonder Pasen... geen geloof, geen verkondiging, geen kerk, geen godsdienst, geen zending!'[3]

Blijkbaar staat of valt alles met de gebeurtenis van de opstanding van Jezus. Maar wat moeten we eigenlijk onder 'opstanding van Jezus' verstaan? Wie nauwkeuriger vraagt naar wat er gebeurd is, krijgt alom slechts vage, vaak ontwijkende antwoorden.

'God heeft Jezus uit de doden opgewekt.' Akkoord, maar wat gebeurde er indertijd, hoe kwam men eigenlijk tot deze overtuiging? De theoloog Willi Marxsen betoogt:

'Voor mijn geloof in Jezus is het toch volkomen irrelevant, *hoe* Petrus na Goede Vrijdag tot zijn geloof in Jezus Christus kwam. Dat is voor mij even irrelevant als de vraag, hoe *hij* tot zijn geloof kwam, aan wie ik mijn geloof te danken heb, zodat *ik* vervolgens tot geloof kwam... Doorslaggevend is immers dat men tot *hetzelfde* geloof komt... Ons geloof is slechts dan christelijk geloof, wanneer het een meegeloven is met het geloof van de eerste getuigen, met het geloof van Petrus.'[4]

Men wordt bij deze zin gedwongen tot de vraag, hoe iemand die zo over het geloof spreekt, nog weet wat geloven in de eerste eeuw, waarmee hij wil *meegeloven*, eigenlijk inhield. Het laadt al gauw de verdenking op zich, dat de *uitspraken* over de opstanding van Jezus, zoals we die in de bijbel vinden, de tekst dus zoals wij die kennen, voor de meeste Christenen voldoende is om het *feit* van de opstanding vast te stellen. Al gauw kan men daarmee dan omgaan als gold het een deugdelijk beschreven gebeurtenis.

Deze wijze van denken is des te bedenkelijker, omdat de 'opstanding' van Jezus in belangrijke mate tot een onontbeerlijk rekwisiet van de theologie en tot een leerstelling is geworden. Want tegelijkertijd bestaat in brede christelijke kring de angst dat wetenschappelijk onderzoek gericht zou zijn op het behalen van resultaten die de traditionele geloofsinhoud ter discussie zouden kunnen stellen. Als er aan de grondslagen van het geloof wordt getornd, hetzij in de vorm van een schuchter vraagteken, hetzij in de vorm van een overtuigde vaststelling, kan men van de zogenaamde behoeders van het geloof luide verontwaardiging verwachten: daaraan mag niet getornd worden, lijkt het devies te zijn. Het zou immers kunnen blijken dat we op zand gebouwd hebben. Maar in dat geval willen we het — neem ons dat niet kwalijk — liever niet weten.

Veel Christenen zijn vandaag ten prooi gevallen aan een zekere tweedeling in hun bewustzijn. Het geheiligde, beschermde terrein van de kerkelijke en theologische overlevering staat dikwijls in veel opzichten haaks op de menselijke behoefte de waarheid te leren kennen. Als het niet lukt om tussen beide een brug te slaan, is het gedaan met de geloofwaardigheid van theologie en kerk, en verstarren beide in een schijnbare glans, tot de dood erop volgt. Maar hoe ziet vandaag de dag de praktijk eruit? De volgende ervaringen van Karl Jaspers worden zeker door velen gedeeld:

'Tot de pijnen van mijn leven, waarin ik altijd op zoek was naar de waarheid, reken ik de discussies met theologen. Op verschillende punten staken ze het gesprek. Ze verstommen, spreken een onbegrijpelijke taal, praten over iets anders, beweren iets onvoorwaardelijks, zijn vriendelijk en welwillend, maar zonder echt rekening te houden met wat voordien werd gezegd — en uiteindelijk hebben ze geen werkelijke belangstelling. Want enerzijds voelen ze zich in hun waarheid sterk staan en zeker, verschrikkelijk zeker, anderzijds lijkt het hun niet de moeite waard te spreken met mensen die in hun ogen eigenzinnig zijn. Maar met elkaar spreken vereist luisteren en een werkelijk antwoord, verbiedt het zwijgen of het ontwijken van vragen, en eist vooral dat elke geloofsuitspraak, die in menselijke taal is geuit, handelt over een concreet onderwerp, een probleem toegankelijk wil maken, ook weer ter discussie stelt en onderzoekt, niet alleen van buitenaf, maar ook van binnenuit.'[5]

Wanneer nu iemand de vinger opsteekt en zich vermeet een concrete vraag te stellen: 'Opstanding? Wat moet ik me daarbij voorstellen? In onze moderne tijd kan ik daar niet meer in geloven, dat doden opgewekt worden', dan stelt het antwoord 'Toch is het zo — je moet er alleen vast in geloven' hoogstens voor een korte tijd gerust. Steeds weer duikt de vraag op: 'Hoe is het toen *werkelijk* gegaan?'

Als deze vraag gemakkelijk zou zijn te beantwoorden, was er niet steeds weer aanleiding tot discussies. Het probleem is sedert eeuwen hetzelfde: de getuigenissen, die we in de Bijbel hebben, geven geen precieze beschrijving van de opstanding. Ze vertellen van hetgeen beleefd werd, en zoals alles wat door mensen wordt beleefd, verschillend geïnterpreteerd en doorverteld wordt, zijn ook deze getuigenissen vol ongerijmdheden en dikwijls ook vol tegenstrijdigheden.

Toch staat één ding vast: de opstanding van Jezus had een effect waarvan de breedte zijn weerga niet kent. Historisch was ze van doorslaggevende betekenis voor het ontstaan en de uitbouw van de christelijke religie.

Elke tijd heeft zijn eigen mogelijkheden om door wetenschap en onderzoek lang vervlogen gebeurtenissen te bevragen en te interpreteren. Vandaag zijn de mogelijkheden van het historisch onderzoek zodanig voortgeschreden, dat het de moeite waard is om oude problemen en vragen opnieuw aan de orde te laten komen en te zoeken naar antwoorden die passen in deze tijd.

De noodzaak van een hernieuwd onderzoek omtrent de opstanding van Jezus volgt vooral uit het gegeven dat dit gebeuren werd overgeleverd door historiserende verhalen. 'Daarom *moet* deze openbaringsdaad, voorzover ze betrekking heeft op de geschiedenis, onderzocht worden op haar betrouwbaarheid en geloofwaardigheid.'[6] De vraag naar de basis en het recht van deze getuigenis blijft voorshands van beslissende betekenis. Want zonder de basis is elke theologie van de opstanding, ook de nieuw testamentische, een bodemloze speculatie.

Nu is de bedoeling van een historisch onderzoek naar de opstanding van Jezus niet nieuw, en ook zijn de argumenten tegen een dergelijk onderzoek bekend. Ik licht er slechts enkele uit, die elkaar ten dele overlappen:

1. We hebben geen ooggetuigenverslagen over de opstanding van Jezus.

Niettemin bezitten we de uitspraken van de apostel Paulus in zijn brieven en de verhalen in de Handelingen van de apostelen. Daarmee wordt tegelijkertijd licht geworpen op de andere getuigenissen omtrent de opstanding, want Paulus plaatst zijn eigen 'ontmoeting' met de Opgestane op hetzelfde niveau als die van de andere getuigen (1 Kor. 15:8). Blijft overigens niet de *vraag* naar de aard van de opstanding noodzakelijk, zolang de christelijke theologie een wetenschappelijke pretentie heeft en de verplichting heeft zich te toetsen aan het redelijk verstand? Iets anders is natuurlijk, of daarbij ook *resultaten* kunnen worden nagestreefd — en *welke* zouden die resultaten dan moeten zijn? Voorlopig gaat het mij slechts om het onderstrepen van de *plicht* om het 'hoe' van de opstanding te onderzoeken.

2. De overleveringen omtrent de opstanding zijn onontwarbaar en de historische bronnen zijn ontoereikend.

Tegen dit argument heeft de historicus Hans von Campenhausen met recht bezwaar aangetekend. De verwijzing naar de onontwarbaarheid van de bronnen hanteert het zogeheten orthodoxe geloof slechts, 'om het geloof te onttrekken aan de eigenlijke kritische historische benadering en toetsing aan de rede'.[7] Met andere woorden: de bewering dat datgene wat met Pasen werkelijk is geschied onverklaarbaar zou zijn, lijkt zich formeel te verzelfstandigen tot een noodzakelijk bestanddeel van de theologie! Maar met het argument dat een vraag niet kan worden beantwoord, is die vraag niet van tafel. Dit argument ontheft historisch onderzoek niet van zijn verplichting om door te vragen, maar maakt dit integendeel des te noodzakelijker. Want veranderde tijden met veranderde, resp. meer verfijnde onderzoeksmethoden zouden heel goed het antwoord wél kunnen vinden. Juist daarom is een voortdurende weetgierigheid, die zich niet tevreden stelt met hetgeen al bereikt is, noodzakelijk.

3. De opstanding van Jezus is een wonder dat zich onttrekt aan elke benadering die poogt er redelijk vat op te krijgen. Wat zou historisch onderzoek daarbij nog kunnen uitrichten?

Inderdaad kan het wonder, resp. openbaringskarakter van Jezus geen voorwerp zijn van wetenschappelijk *historisch* onderzoek, doch slechts van godsdienstwijsgerige en theologische overwegingen. Maar zolang theologie juist 'gepaard' gaat met historisch denken — en dat is het geval, *enerzijds* op grond van het karakter en de uitspraken van haar tekstbronnen, *anderzijds* met betrekking tot het waarheidsbewustzijn van onze moderne tijd -, moet ze zelf geïnteresseerd zijn in het 'hoe' van de opstanding van Jezus. De beantwoording van de vraag, hoe men tot de bewering is gekomen dat Jezus is opgestaan, is voor het begrijpen van de toenmalige verkondiging van de opstanding en van haar huidige handhaving resp. herformulering onontkoombaar.

4. Buiten de geloofservaring en buiten de christelijke getuigenis kan niet zinvol worden gesproken over de opstanding van Jezus. 'Een exclusief historisch gestelde vraag naar de opstanding vervreemdt... de teksten van de Paasverhalen.'[8]

Met deze argumentatie onttrekt men zich aan de wereld. Alles gaat dan om *'ik geloof, om te begrijpen'*, een stelling die in onze tijd in het kader van de wetenschap niet overeind kan blijven. Zolang niet absurditeit moet worden verheven tot het waarheidscriterium van theologische uitspraken, zal wetenschappelijke theologie (én kerkelijke verkondiging) dienen te streven naar verstaanbaarheid van haar uitspraken. *Wetenschappelijk onderzoek* heeft tot taak zich bezig te houden met historische en huidige christelijke geloofsgetuigenissen en die te interpreteren. Theologie en verkondiging houden zich hiermee echter *vooralsnog* helemaal niet bezig.

Het is immers niet zo dat wetenschappelijk onderzoek zou moeten capituleren voor geloofszaken, zoals vaak wordt betoogd. Want ook geloof is eerst door iets anders in het leven geroepen. Er staat dus steeds een of andere gebeurtenis achter. Het onderzoek van geloofsgetuigenissen dient er dus ook toe om datgene wat dit geloof heeft opgeroepen, dit in de grond van de zaak onuitsprekelijke, nader te komen. *Hoe nabij* men precies kan komen, is uiteraard een zaak van discussie.

5. Gebeurtenis en duiding zijn altijd over en weer met elkaar verbonden, zodat een toegang tot de gebeurtenis van de opstanding zonder de duiding niet mogelijk is.

De verwijzing naar de verwevenheid van gebeurtenis en de betekenis daarvan heeft betrekking op alle teksten waar de geschiedwetenschap mee werkt en is geen bijzonderheid van religieuze of christelijke bronteksten. Want elke auteur probeert natuurlijk om iets bepaalds (bijvoorbeeld een gebeurtenis) te beschrijven met zijn eigen individuele mogelijkheden. Dat dit altijd slechts zijn heel persoonlijke, subjectieve visie kan zijn, die min of meer in de buurt komt van hetgeen beschreven wordt, zal duidelijk zijn. Dit normale gegeven leidt ertoe dat elke voorhanden zijnde bron dient te worden opgevat en gerespecteerd als menselijke uiting. In geen geval mogen een gebeurtenis en haar uitleg in teksten aan elkaar gelijk worden gesteld.

Overigens kan en mag dat niemand ervan weerhouden om de nieuwtestamentische teksten, rekening houdend met hun eigen aard, te bevragen op hun historisch bruikbaar materiaal. De ervaring leert dat juist dan hetgeen de tekst te zeggen heeft opnieuw toegankelijk wordt, wanneer men die met alle ten dienste staande wetenschappelijke middelen benadert.

In het vervolg wordt dus louter historisch gekeken naar de historische samenhang van de opstandingsgetuigenissen, of nog korter: naar het *'hoe'* van de opstanding van Jezus. Doel is tekomen tot een hypothese omtrent de opstanding die de minste aanleiding geeft tot ergernissen en die de meeste problemen oplost.

Het is bijna overbodig te zeggen dat de hierna volgende overwegingen zich bewegen op het terrein van de waarschijnlijkheden, waarmee de grenzen van dit onderzoek van te voren vast staan. Maar mogelijke protesten zoals bijvoorbeeld 'louter hypothetisch' berusten op een misverstand ten aanzien van historisch onderzoek. Historische reconstructie komt — zoals *elke* vorm van interpretatie — zonder hypothesen en waarschijnlijkheidsoordelen niet verder. Ja, de eigenlijke taak van historisch onderzoek is om de meest voor de hand liggende objectieve hypothese te verwerken en daarbij waarschijnlijkheden helder af te wegen. De waarde van een reconstructie wordt bepaald door de vraag of de *beste* hypothesen eraan ten grondslag liggen, d.w.z. die hypothesen die de meeste (en de belangrijkste) open vragen beantwoorden, resp. de zich voordoende problemen oplossen en die de minste tegenargumenten oproepen. Zo is de plicht van een historicus vergelijkbaar met de opdracht die geldt bij een gerechtelijk onderzoek: verhoor van de getuigen en reconstructie van de waarschijnlijke gang van zaken.

Zo'n gefundeerd onderzoek met haar eigen doeleinden en mogelijke antwoorden is voor de theologische vraag van betekenis, zolang de theologie blijft bij haar uit de Verlichting daterende betrokkenheid op de geschiedenis en haar kritische onderzoek.

2. Toegang tot het thema

De tekstsituatie

Voor de reconstructie van de gebeurtenissen na de dood van Jezus is het noodzakelijk om rekening te houden met alle ter beschikking staande informatie, waaruit eventueel conclusies kunnen worden getrokken met betrekking tot wat indertijd plaatsvond. De hiervoor in aanmerking komende teksten vinden we in de vier evangeliën van het Nieuwe Testament, maar ook in de Handelingen der apostelen en de paulinische literatuur, en voorts in enkele geschriften, die niet in het Nieuwe Testament zijn opgenomen, de zogenaamde 'apocriefen'. Maar voordat we aan het eigenlijke onderzoek beginnen dient eerst nog iets gezegd te worden over de vraag hoe deze teksten in het algemeen worden getaxeerd.

De brieven van Paulus zijn de oudste teksten van het Nieuwe Testament en dateren uit ongeveer de jaren (40) 50-60 van onze jaartelling. Pas later ontstonden het evangelie van Marcus (ca. 70), het evangelie van Lucas (ca. 80), het evangelie van Mattheus (ca. 85), de Handelingen der apostelen (ca. 90), en ten slotte het evangelie van Johannes (ca. 100). Maar let wel: deze waarschijnlijke chronologie betekent nog niet een inhoudelijke waardering. De leeftijd van een tekst is niet zonder meer een garantie dat het dus ook 'klopt'. Men kan niet zomaar concluderen: omdat deze tekst oud is, is zijn uitspraak geloofwaardig, en omdat een andere tekst jonger is, is de uitspraak minder geloofwaardig. Want oude overleveringen kunnen vaak pas na een lange mondelinge of ook schriftelijke dwaaltocht in een laat ontstaan literair werk opgenomen zijn, dat dan echter ondanks zijn betrekkelijk jonge leeftijd toch de oudste traditie-elementen bevat. Dit moet bij de analyse in rekening worden gebracht.

Algemeen wordt aanvaard dat de evangeliën geen van alle door begeleiders of vertrouwelingen van Jezus werden geschreven. Personen die we op min of meer plausibele gronden Mattheus, Marcus, Lucas en Johannes noemen, hebben de tekst in de vorm zoals wij die nu kennen gestileerd.

Voorts betekent de opname van dezelfde tekstfragmenten in vaak gelijkluidende woorden in de verschillende evangeliën niet, dat ze daarom ook een hoger waarheidsgehalte zouden hebben. Deze overweging is van groot belang wanneer men de evangeliën van Mattheus, Marcus en Lucas met elkaar gaat vergelijken. Want in het tekstonderzoek is het algemeen bekend dat de auteur van het evangelie van Mattheus en die van het evangelie van Lucas bij hun schrijven het evangelie van Marcus als bron hebben gebruikt. Bovendien hadden ze nog de beschikking over een verzameling die uitspraken van Jezus bevatte en in het onderzoek algemeen wordt aangeduid met Q ('Quelle', duits voor 'bron'). Daaruit is te verklaren dat deze drie evangeliën in zoveel opzichten met elkaar overeenkomen, en dat bovendien Mattheus en Lucas verhalen vertellen die Marcus nog niet kende. Verder bevatten alle evangeliën nog verhalen die geen parallellen kennen in de andere evangeliën. Dit is vaak te verklaren uit het feit dat het gaat om 'locale overleveringen', die een auteur heeft gekend omdat hij op een bepaalde plaats woonde, waar deze verhalen werden verteld. Anderen echter kenden deze verhalen niet, omdat ze op een plaats woonden, waar deze verhalen onbekend waren. Voor het evangelie van Johannes is de situatie nog gecompliceerder, omdat het vaak niet duidelijk is welke bronnen hij heeft gebruikt.

De 'evangelisten' konden dus gebruik maken van een grote hoeveelheid materiaal, die in uiteenlopende tijden op verschillende plaatsen is ontstaan. In de evangeliën zijn zo naast tradities van jongere datum ook overleveringen verwerkt, waarvan de ontstaanstijd teruggaat tot in de dagen van de 'historische Jezus'. Ze zijn echter alle reacties op concrete gebeurtenissen. Heeft een bepaalde uitspraak van Jezus indruk op zijn toehoorders gemaakt, dan werd hij overgeleverd. De context waarin die uitspraak werd gedaan, kon daarbij verloren gaan. Het kunnen spreuken geweest zijn, die juist voor de overleveraar van belang waren. Anderen zouden wellicht andere uitspraken van Jezus zijn opgevallen of ook helemaal geen. Zo werden brokstukken overgeleverd, verscheidene daarvan samengevat, die vaak nauwelijks in samenhang mondeling werden doorgegeven, tot ze uiteindelijk werden opgeschreven. Dikwijls was in de tussentijd rond een uitspraak van Jezus een of ander voorval gereconstrueerd. Daardoor kon een spreuk veel beter onthouden en doorverteld worden. De evangelisten nu voegden van hun kant veel van deze brokstukken samen tot één groot geheel — de evangeliën. Daarbij werden ze geleid door het streven om het leven, sterven en opstaan van Jezus na te vertellen. Alle evangelisten werkten daartoe een vertelraam uit, waarin ze de overleveringen die zij kenden, inpasten. Zo ontstonden uit oorspronkelijk vaak onsamenhangende herinneringen aan Jezus de evangeliën.

Zeker is dat Jezus ongeveer in het jaar 30 werd gekruisigd. Het oudste evangelie echter, Marcus, stamt in zijn definitieve vorm uit ca. 70. Er waren in die tussentijd dus zo'n veertig jaar verlopen. Als men bedenkt hoeveel details in de loop van veertig jaar verloren gegaan kunnen zijn, hoe verhalen in zo'n lange tijd kunnen wijzigen, kunnen worden versierd, hoe zich daarbij legenden kunnen vormen, dan wordt het begrijpelijk dat niet elk woord van de evangeliën zonder meer hoeft te worden opgevat als beschrijving van een feitelijk gebeuren. Er moet onderscheid worden gemaakt tussen zinnen en woorden van de evangelisten zelf (bijvoorbeeld de verbindende teksten tussen verschillende verhalen) en dat waarover ze beschikten, de tradities. Deze tradities zijn op hun beurt onderwerp van onderzoek. Ze zijn niet alle even oud, niet alle bevatten ze historische gebeurtenissen. Zo zijn bijvoorbeeld de wonderverhalen toegevoegd, om het unieke van Jezus te onderstrepen. Maar dat betekent opnieuw niet dat *alle* wonderverhalen zouden zijn verzonnen. Het is dan ook de taak van het wetenschappelijk onderzoek om op deze en dergelijke punten onderscheid aan te brengen en te motiveren.

Wat nu een reconstructie van de gebeurtenissen nog extra moeilijk maakt, is het feit dat de evangelisten geen neutrale waarnemers waren. Ze waren allen Christenen, en als zodanig legden ze alle verhalen over de Jood Jezus uit. *Ze geloofden in Jezus als hun opgestane Heer.* Als zodanig wordt hij in de evangeliën doorgaans beschreven, ook daar, waar het eigenlijk alleen maar om de door het land trekkende prediker Jezus gaat, van wie de discipelen in de verste verte nog niet konden vermoeden dat hij zou worden gekruisigd en vervolgens zelfs zou worden opgewekt.

De evangeliën beschrijven dus een voorbij gebeuren vanuit hun eigen latere gezichtshoek. Maar dat is geen objectieve geschiedschrijving. Alle uitspraken moeten dus in eerste instantie met scepsis worden bejegend. Hier ligt de grote moeilijkheid waarvoor men zich ziet geplaatst, wil men datgene wat in de evangeliën wordt verteld, reconstrueren en naar waarde beoordelen. Pas een kritisch onderzoek van de teksten, dat poogt via al die beschrijvende legendes en versieringen door te dringen tot de historische kern, kan doen vermoeden wat er werkelijk gebeurde. Men kan niet om de op deze wijze waarschijnlijk gemaakte historische feiten heen, wil men ons christelijk geloof een historische basis geven.

De gevolgde methode

De getuigenis van Paulus in 1 Kor. 15:1-11 is de oudste tekst van het Nieuwe Testament, waarin dood, opstanding en verschijningen van de Opgestane concreet worden vermeld. Paulus gebruikt hier overleveringen die hij van vroeger kent. Omdat de Eerste brief aan de Korinthiërs gewoonlijk wordt gedateerd omstreeks het jaar 50, mag hier allereerst worden vastgesteld dat de daarin vermelde overleveringen ouder moeten zijn. Hoe oud precies, dient te worden aangetoond.

Deze vroege tekst zal het richtsnoer voor ons onderzoek vormen. We zullen proberen om de leeftijd van de overleveringen vast te stellen, hun ontstaanssituatie toe te lichten en uit te zoeken welke historische feiten daarachter schuilgaan.

Paulus schreef de Eerste brief aan de Korinthiërs met een heel bepaald doel. Het ging hem er niet om precies te beschrijven *hoe* Jezus stierf en *hoe* het toeging bij zijn verschijningen na de opstanding. Voor Paulus was het in deze situatie slechts van belang, *dat* ze plaatsvonden (Jezus stierf omstreeks hetjaar 30; de gebeurtenissen die Paulus vermeldt, dateren dus van ongeveer twintig jaar eerder).

Een onderzoek van deze tekst zal derhalve slechts zeer onvolledige resultaten kunnen opleveren. Daarom dient aansluitend elk daarin gemeld aspect afzonderlijk en uitvoerig te worden behandeld, waarbij alle verdere ten dienste staande bronnen in rekening dienen te worden gebracht.

De 'toegangstekst' 1 Kor. 15:1-11

Paulus stichtte de gemeente van Korinthië omstreeks het jaar 41[9], toen hij zich op zijn zogenaamde 'tweede zendingsreis' bevond. Veel gemeenteleden van toen kende hij nog persoonlijk. Hij richtte de Eerste brief aan de Korinthiërs dus aan goede bekenden.

Aan mensen bij wie men gemeenschappelijke kennis kan veronderstellen, schrijft men anders dan aan vreemden. Niet elk thema hoeft tot in het kleinste detail te worden toegelicht; een enkel trefwoord is voor de geadresseerde al voldoende. Zo kunnen ook de schaarse vermeldingen van dood en opstanding van Jezus worden opgevat; verdere uitvoerige informatie was niet nodig.

> 1: Ik herinner jullie, beste broeders, aan het evangelie, dat ik jullie heb verkondigd, dat jullie hebben aanvaard, waarop jullie ook gegrondvest zijn,
> 2: waardoor jullie ook gered worden, wanneer jullie het bewaren in de vorm waarin ik het jullie heb verkondigd; anders zouden jullie vergeefs gelovig geworden zijn.
> 3: Want vóór alle dingen heb ik jullie doorgegeven, wat ook ik heb ontvangen: dat Christus gestorven is voor onze zonden naar de Schriften;
> 4: en dat hij begraven is; en dat hij opgewekt is op de derde dag, naar de Schriften;
> 5: en dat hij aan Kefas is verschenen, daarna aan de Twaalf.
> 6: Daarna is hij aan meer dan vijfhonderd broeders tegelijk verschenen, van wie de meesten vandaag nog in leven zijn; sommigen zijn echter overleden.
> 7: Daarna is hij aan Jacobus verschenen, vervolgens aan alle apostelen.
> 8: Als laatste van allen is hij ook aan mij als aan een ontijdig geborene verschenen.
> 9: Want ik ben de geringste onder de apostelen, niet waard om apostel te heten, omdat ik de gemeente van God heb vervolgd.
> 10: Maar door Gods genade ben ik, wat ik ben. En zijn genade voor mij is niet vruchteloos geweest, want ik heb harder gewerkt dan zij allen; maar niet ik doch Gods genade, die met mij is.
> 11: Maar hetzij ik of zij — zo prediken wij, en zo zijn jullie tot geloof gekomen.

Paulus vermeldt in v. 3b-8 de dood, opwekking en verschijningen van Christus. Daarbij herinnert hij aan iets dat bij de Korinthiërs al bekend is, namelijk aan een soort geloofsbelijdenis van de vroege Christenen, die hij heeft meegedeeld bij de stichting van de gemeente. Dat deze belijdenis slechts van v. 3b tot v. 5 ('daarna aan de Twaalf') reikt, heeft voornamelijk twee redenen: a) Na 'daarna aan de Twaalf' begint een andere zinsconstructie; b) Omdat de woorden 'van wie de meesten vandaag nog in leven zijn; sommigen zijn echter overleden' (v. 6b) zeker niet behoren tot de bij het stichtingsbezoek doorgegeven overlevering, zou het heel goed kunnen zijn dat Paulus hier niet meer herinnert aan wat al bekend is. Veeleer vertelt hij met toepassing van andere tradities iets nieuws. Dat heeft *ten eerste* ongetwijfeld als doel de 'historische' bevestiging van de opstanding van Jezus: meer dan vijfhonderd getuigen ineens (v. 6a) kunnen zich niet vergissen, en als iemand ten aanzien van het gehoorde al sceptisch zou zijn, dan zou hij hen direct kunnen vragen, want de meesten van hen zijn immers nog in leven (v. 6b). *Ten tweede* was er Paulus kennelijk veel aan gelegen om de aan deKorinthiërs bij het stichtingsbezoek gegeven overlevering, waartoe zeker al de verschijning van Jezus aan Kefas behoorde, door te trekken naar zichzelf. Maar dan was het noodzakelijk om verschijningen van dezelfde soort aan te halen, die aan de zijne voorafgegaan waren, opdat duidelijk zou worden dat Paulus volgens v. 8 hetzelfde 'visioen' heeft ontvangen als alle andere in deze rij opgesomde personen. De verschijningen aan Kefas en Jacobus (v. 5 en v. 7), die oorspronkelijk als doel zullen hebben gehad om het eerste visioen en daarmee de legitimering van Kefas en Jacobus te onderstrepen, worden nu door Paulus gebruikt, om *het feit* van de verschijning vanChristus als zodanig te bevestigen.

We weten nu dat de verzen waar het ons nu om gaat, 3b-8, uit drie delen bestaan:

1. de 'stichtingspreek' van Paulus (v. 3b-5);
2. verdere opstandingsverschijningen (v. 6,7);
3. de laatste opstandingsverschijning aan Paulus zelf (v. 8).

De verschillende uitspraken in 1 Kor. 15:3b-5

Het wordt al snel duidelijk dat de bij het stichtingsbezoek overgeleverde traditie van v. 3-5 op zich ongelijksoortig is: het viermaal herhaalde en wellicht op Paulus zelf teruggaande *'dat'* laat daarbij ook naar buiten toe de aaneenrijging van *verschillende formules* zien. Zo staan bijvoorbeeld de uitspraak van Jezus' opwekking en die van Jezus' dood 'voor onze zonden' oorspronkelijk niet naast elkaar, zoals dat bij vergelijkbare teksten wel het geval is[10], maar zijn ze pas later bijeengevoegd (vgl. soortgelijke combinatie van de doods- en opwekkingsteksten in Rom. 4:25; 14:9; 2 Kor. 5:15; 1 Thess. 4:14). Maar de vraag *wanneer* deze samenvoeging plaatsvond, is daarmee nog niet beantwoord. Ze hoeft niet van Paulus afkomstig te zijn, maar kan al oud zijn en door Paulus hier zijn gebruikt in de al voorhanden zijnde vorm.

Daar komt nog bij dat aan v. 3b-5 is vast te stellen dat het hier om een dubbel bewijs gaat, a) uit de Schriften (die we kennen als het Oude Testament) en b) uit een bevestigend feit. De verzen 3b-5 bestaan derhalve uit twee delen, die als volgt gelezen kunnen worden:

a) Christus stierf voor onze zonden naar de Schriften en hij werd begraven;

b) hij is opgewekt op de derde dag naar de Schriften en hij verscheen aan Kefas, daarna aan de Twaalf.

Over de *herkomst* van het traditiefragment 1 Kor. 15:3b-5bestaan verschillende opvattingen. Een bepaald onderzoek beschouwt het als afkomstig uit de Grieks sprekende gemeenten in de omgeving van Antiochië en Damascus (hiermee had Paulus een bijzonder intensief contact), een ander ziet het als afkomstig uit de Aramees sprekende oergemeente van Jeruzalem, waarbij dan een vertaling in het Grieks moet worden verondersteld. Overigens lijkt daarbij het alternatief 'Jeruzalem *of* Antiochië' wat overtrokken. 'Want zelfs wanneerde traditie via Antiochië tot Paulus zou zijn gekomen, dan zou die gemeente slechts hebben doorgegeven wat ze ontvangen heeft — en wel uit Jeruzalem.'[11] Bovendien pleit voor Jeruzalem als oorsprong van de traditie een inhoudelijk argument: de slotopmerking in 1 Kor. 15:11, dat de prediking van Paulus overeenstemt met die van de overige genoemden, dus van de *eerste apostelen,* — en die bevonden zich immers aanvankelijk in Jeruzalem.

Hoe de verschijningen aan Petrus en aan Jacobus zich tot elkaar verhouden.

We komen nu tot de vraag van de eerste verschijning van Jezus aan Kefas/Petrus (v. 5) en tot haar verhouding tot de verschijning van de opgestane Christus (Christofanie) aan Jacobus (v. 7).

Uit de door Paulus bij het stichtingsbezoek overgeleverde traditie kan men de zin in v. 5 'hij verscheen aan Kefas, daarna[12] aan de Twaalf' als een zelfstandig traditiefragment lichten. Daarvoor pleit *ten eerste* de overeenkomst met Luc. 24:34 ('De Heer is waarachtig opgestaan en aan Simon verschenen') en Marc. 16:7 ('zegt zijn discipelen en Petrus'), *ten tweede* de parallelle formulering in het daarop volgende v.7.

De Christofanie aan Jacobus (en alle apostelen) in 1 Kor. 15:7 bevat twee uitspraken: *a)* Jacobus heeft een verschijning beleefd, *b)* Jacobus neemt een aparte plaats in in de kring van de apostelen.

Het valt op dat v. 5 en v. 7 gelijk van bouw zijn, waarbij — afgezien van Kefas/Jacobus en de Twaalf/alle apostelen — dezelfde woorden worden gebruikt: 'Hij verscheen aan Kefas, daarna aan de Twaalf'; 'hij verscheen aan Jacobus, daarna aan alle apostelen'. Deze parallel zou op twee manieren kunnen worden verklaard: a) Paulus zelf formuleerde hier v. 7 naar analogie van v. 5, waarbij hij uitging van een overlevering over een verschijning aan Jacobus en alle apostelen; b) Paulus gaf in beide gevallen een zelfstandige traditie weer. Dan is óf al vroeger de ene formulering gebaseerd op de andere, óf beide formuleringen hebben een gemeenschappelijke oorsprong. In beide gevallen blijft duidelijk dat zowel in v. 5 als ook in v. 7 sprake is van een oudere traditie.

De in 1 Kor. 15:5-7 weergegeven tradities bevatten de korte mededeling dat een bepaalde groep Christenen een verschijning van de Opgestane heeft ervaren. De mogelijke functie van een dergelijke 'formule' wordt duidelijk wanneer men de paulinische geschriften nader bekijkt: Paulus verwijst in de strijd tegen tegenstanders op verscheidene plaatsen naar zijn visioen van de Opgestane (1 Kor. 9:1: 'Heb ik niet onze Heer Jezus gezien?'; vgl. Gal. 1:15v: 'dat Hij [= God] zijn Zoon openbaarde in mij, opdat ik Hem door het evangelie zou verkondigen onder de heidenen'; Fil. 3:8: 'omdat de kennis van Christus Jezus, mijn Heer, dat alles te boven gaat'), om zijn gezag te legitimeren. Een dergelijke functie hebben ongetwijfeld ook de in 1 Kor. 15:5,7 voorhanden tradities, die daarom het best kunnen worden opgevat als 'legitimatie-formuleringen'.

De *concurrentieverhouding* tussen de beide formuleringen in v.5 en v. 7 is duidelijk wanneer men ze plaatst in de ontwikkeling van de Jeruzalemse oergemeente in haar eerste twee decennia. Volgens die teksten heeft Petrus de eerste verschijning gezien. Want de legitimeringsformule die betrekking heeft op Petrus en de Twaalf is ouder dan die van 1 Kor. 15:7. Ze stamt nog uit de tijd dat de kring van de Twaalf nog bestond (die heeft namelijk niet lang meer bestaan na Jezus' dood) en werd toen al, dus niet pas door Paulus, in verband gebracht met de vroege geloofsbelijdenis van v. 3b-4.

In de tijd daarna kreeg Jacobus, de broer van Jezus, in de oergemeente steeds meer invloed, tot hij ten slotte alleen aan het hoofd stond.

De tekst van 1 Kor. 15:7 komt dus uit een latere tijd, toen aanhangers van Jacobus (of hij zelf) steeds meer invloed voor zich opeisten op basis van het feit dat hij de eerste getuige was. Ze pasten daartoe het bericht over de verschijning van Jezus aan Jacobus aan, aan de formulering van 1 Kor. 15:5. Dit maakt het 'dat' van een visioen van de opgestane Jezus door Jacobus niet discutabel; hij had hem ongetwijfeld ook in een vroeger stadium 'gezien', omdat Petrus nog de leider van de gemeente was. Maar dat Jacobus de *eerste* getuige zou zijngeweest, werd pas later betoogd.

Tussenbalans

Alle hier onderzochte traditiefragmenten (dood, begrafenis, opwekking, verschijningen) ontstonden al vroeg. Men mag aannemen dat de hierin vermelde gebeurtenissen alle in de eerste twee jaar na de kruisiging van Jezus gedateerd kunnen worden. Voor 1 Kor. 15:3b–5 is de stelling zonder meer waarschijnlijk. Toch blijkt ze voor 1 Kor. 15:6a, en 7 *onomstotelijk*, omdat de bekering van Paulus aan het chronologische einde van de vermelde verschijningen ligt en omdat die bekering al spoedig na de dood van Jezus, die algemeen wordt gesteld op ca. het jaar 30, moet hebben plaatsgevonden.

De bekering van Paulus laat zich eveneens met tamelijk grote zekerheid dateren. De Handelingen der apostelen berichten geloofwaardig over een oponthoud van Paulus in Korinthe, toen Gallio daar stadhouder van Achaia was (Hand. 18). Deze Gallio nu oefende zijn functie uit in de jaren 51/52.[13] Rekent men van deze datum de periodes terug die Paulus in Gal. 1:18 ('drie jaren') en 2:1 ('veertien jaren') meldt en voegt men daaraan twee jaar reistijd toe, dan komt men als datum van zijn bekering in het jaar 33 uit.

We kunnen dus uitgaan van het volgende: *De in 1 Kor. 15:3-8 genoemde verschijningen hebben in de tijd tussen 30 en 33 n. Chr. plaatsgevonden (het 'dat' van de verschijningen), omdat namelijk de verschijning aan Paulus de laatste in diens opsomming is en deze niet later dan in 33 n. Chr. kan worden gedateerd. Over hun definitieve overleveringsvorm (het 'hoe' van de verschijningen) is daarmee nog niets gezegd.*

Nu zeiden we al dat Paulus aan de Korinthiërs bij de stichtingspreek weliswaar de bovengenoemde 'geloofsbelijdenis' alsmede de verschijningen aan Kefas en de Twaalf verkondigde, maar geen andere verschijningen van Christus (zoals bijvoorbeeld die aan meer dan vijfhonderd broeders) vermeldde. Aansluitend volgde de reden waarom de apostel in de eerste brief aan de Korinthiërs deze verschijningen aan elkaar reeg: wegens de historische bevestiging van de opstanding van Jezus en ter bevestiging van zijn eigen apostolisch gezag. Dat hij hierbij al uit eigenbelang met grote zorgvuldigheid te werk ging, ligt voor de hand. Daaruit volgt voor de tekst *ten eerste*, dat Paulus *alle* hem bekende verschijningen heeft opgesomd, *ten tweede* echter ook de hoge mate van betrouwbaarheid en volledigheid van de genoemde feiten.

Op dit punt doet zich de vraag voor waarom Paulus de andere verschijningen niet al bij de stichtingspreek heeft meegedeeld. Antwoord: ze waren (nog) niet als het 'credo' van dood en opwekking van Jezus basis van heil, terwijl de verschijning(en) aan Kefas en de Twaalf in de allereerste tijd van bijzondere betekenis waren voor de stichting van de kerk, en derhalve deel uitmaakten van het evangelie. Men kan daaruit *niet* concluderen dat de andere verschijningen historisch pas na de stichting van de Korinthische gemeente hebben plaatsgevonden. Een dergelijke veronderstelling gaat daarom al mank, omdat bijvoorbeeld de verschijning aan meer dan vijfhonderd broeders om geen andere reden werd vermeld, dan dat ze werkelijk plaatsvond. Paulus kan deze traditie op het tijdstip van de stichting van de gemeente in Korinthe wellicht nog niet hebben gekend.

Welke verhouding daarbij tussen de gebeurtenis zelf en haar in woorden weergegeven vorm bestaat, valt nauwelijks te zeggen. Men zal er wegens het buitengewone karakter van die toenmalige gebeurtenis van uit mogen gaan, dat er *onmiddellijk* na de verschijning van Jezus ook over werd verteld. Hoe zou het immers denkbaar kunnen zijn dat een gebeurtenis plaatsvond en dat er pas, laat ons zeggen, tien jaar later over werd verteld?

Daarom kunnen we concluderen tot de volgende, al spoedig na de dood van Jezus overgeleverde tradities in 1 Kor. 15:1-11:

1. Jezus is gestorven (1 Kor. 15:3b);
2. Jezus werd begraven (1 Kor. 15:4d);
3. Jezus werd op de derde dag opgewekt (1 Kor. 15:4b);
4. Jezus verscheen aan bepaalde getuigen (1 Kor. 15:5-8);
   a) hij verscheen aan Kefas/Petrus (1 Kor. 15:5a);
   b) hij verscheen aan de Twaalf (1 Kor. 15:5b);
   c) hij verscheen aan meer dan vijfhonderd broeders (1 Kor. 15:6);
   d) hij verscheen aan Jacobus (1 Kor. 15:7a);
   e) hij verscheen aan alle apostelen (1 Kor. 15:7b);
   f) hij verscheen aan Paulus (1 Kor. 15:8).

Uitgaande van deze opstelling en rekening houdend met alle relevante tekstfragmenten kan nu worden gepoogd conclusies te trekken ten aanzien van historische gebeurtenissen achter deze tradities: begrafenis, opstanding en verschijningen na de opstanding van Jezus.

3. De gebeurtenissen na de dood van Jezus

De dood van Jezus

Het feit van de dood van Jezus als gevolg van de kruisiging is onbetwistbaar, ondanks soms te berde gebrachte hypothesen over schijndood of verwisseling, en behoeft hier niet verder te worden besproken.

De begrafenis van Jezus

De vroegste vermelding van Jezus' begrafenis die we kennen (1 Kor. 15:3v) geeft daarover geen details, net zomin als de daar voorkomende notitie over zijn dood, de aard van zijn sterven (kruisiging) vermeldt. Desondanks moet de poging worden ondernomen om de begrafenis van Jezus op het spoor te komen.

Van de graflegging zelf wordt in de vroegste geschriften op twee manieren melding gemaakt:

a) Jozef van Arimathea heeft Jezus bijgezet (Marc. 15:42-47 en parallelle plaatsen in de evangeliën van Lucas, Mattheus en Johannes);

b) Joden hebben Jezus begraven (Joh. 19:31-37).

Maar hoe is het in werkelijkheid gegaan? Kunnen daarover op grond van de teksten conclusies worden getrokken?

Het relaas van Marcus 15:42-47 en parallelle plaatsen

De bekendste Duitstalige nieuwtestamenticus van deze

eeuw, Rudolf Bultmann, beschouwt de tekst van Marc. 15:42-47 als een historisch relaas, dat niets heeft van een legende.[14] Hoe oud de traditie, waarvan hier sprake is, kan zijn, kan ook hij natuurlijk niet vaststellen. Om zijn oordeel te toetsen, moet de passage in zijn gehele samenhang, de lijdensgeschiedenis volgens Marcus, worden bekeken:

> *42*: En toen het al avond geworden was, en omdat het rustdag was, dat is de dag voor de sabbat,
> *43*: kwam Jozef van Arimathea, een raadsheer van aanzien, die ook zelf het Rijk van God verwachtte, en hij waagde het naar Pilatus te gaan en vroeg hem om het lichaam van Jezus.
> *44*: Maar Pilatus verwonderde zich dat hij al dood zou zijn, en hij riep de hoofdman en vroeg hem, of hij al lang gestorven was.
> *45*: En toen hij het van de hoofdman vernomen had, schonk hij aan Jozef het lijk.
> *46*: En deze kocht een linnen doek en nam hem af en wikkelde hem in het doek en legde hem in een graf, dat in een rots was uitgehouwen, en wentelde een steen voor de ingang van het graf.
> *47*: Maar Maria van Magdala en Maria, de moeder van Joses, zagen, waar hij was neergelegd.

De tekst verbindt het verhaal van de kruisiging (15:20-41) met die van het lege graf (16:1-8). De tijdsbepaling 'toen het al avond geworden was' (v. 42) sluit aan bij de aanduidingen 'het derde uur' (15:25), waarop Jezus werd gekruisigd, en 'het zesde... tot het negende uur' (15:33), toen er duisternis kwam over het land. Dat wil zeggen dat Jezus volgens Marcus stierf om 3.00 uur in de namiddag (= het negende uur); de graflegging vond 's avonds plaats.

Een dubbele verwijzing naar de kruisigingsscène treffen we aan in v. 44: de verbazing van Pilatus over de snelle dood van Jezus is vooral in de samenhang met de lijdensgeschiedenis in het evangelie van Marcus zinvol, want volgens diens relaas is de tijdsspanne van het lijden van Jezus anders dan normaal ongewoon kort.[15] *Daarover* verbaast Pilatus zich. Door te informeren bij de verantwoordelijke hoofdman (v. 44) wordt de scène met het voorgaande verbonden (vgl. v. 39: de hoofdman onder het kruis). Andere verbindingen met de tekstsamenhang bestaan daarin, dat v. 15:46b en 16:3b bijna woordelijk gelijk zijn en dat de vrouwen zowel onder het kruis staan, alsook de begrafenis van verre waarnemen en naar het lege graf gaan (15:40,47; 16:1).

De tradities in Marcus 15:42-46

V. 42: De tijdsaanduiding 'toen het avond was geworden' stamt evenals in Marc. 4:35; 6:47; 14:17 van Marcus zelf. Aan de vermelding van de rustdag daarentegen ligt waarschijnlijk traditie ten grondslag. Marcus verduidelijkt hem als dag voor de sabbat (vgl. een soortgelijke verklaring van joodse gebruiken in Marc. 7:3v).

V. 43: De aanduiding van Jozef als 'raadsheer *van aanzien*' gaat vrijwel zeker niet terug op oude overlevering. Want deze karakterisering is slechts voor het concept van Marcus van dwingende noodzaak: Jozef, een lid van de Hoge Raad, die Jezus ter dood veroordeelde (Marc. 14:55; 15:1), verwachtte tegelijkertijd het Rijk van God. Daarmee tekent Marcus Jozef weliswaar niet als Christen, maar hij licht hem uit de groep van tegenstanders van Jezus. Door deze karakterisering en met het oog op de volstrekt positieve betekenis, die 'Rijk van God' in het evangelie van Marcus heeft (vgl. Marc. 1:15), wordt Jozef tot een positieve figuur.

Ongetwijfeld heeft Marcus er de voorkeur aan gegeven om over een begrafenis van Jezus door diens aanhangers te vertellen, zoals hij dat in Marc. 6:29 (begrafenis van Johannes de Doper) doet. Omdat hij daarover geen overlevering kende, maar er tegelijkertijd wél een bericht over de begrafenis van Jezus door een raadsheer Jozef van Arimathea in omloop was, bracht hij de genoemde verbeteringen in diens karakter aan. Maar dan pleit er veel voor dat Jozefs lidmaatschap van de Hoge Raad wel tot de overlevering behoort, doch dat zijn karakterisering als 'voornaam' van Marcus zelf afkomstig is.

V. 44-45 zijn zeker door Marcus gecomponeerd. Daarvoor pleit al de wisseling in het *Griekse* spraakgebruik. In v. 43 heeft Jozef nog om het *lichaam* van Jezus gevraagd; in v. 45 krijgt hij van Pilatus het *lijk*. De beide verzen verbinden de scène met het vervolg. De dood van Jezus is reëel en om zo te zeggen ambtelijk vastgesteld.

V. 46: De uitspraak over de begrafenis van Jezus door Jozef gaat terug tot de oude overlevering. De aanduiding van het rotsgraf met de steen die ervoor gerold wordt, loopt hier alvooruit op Marc. 16:3 en behoort oorspronkelijk niet tot het verhaal. Omdat deze beschrijving van het graf van Jezus in Marc. 16:1-8 *verondersteld* wordt (anders zou het verhaal daar geen zin hebben), terwijl ze hier in ieder geval een uitbreiding is, werd de vermelding van het rotsgraf met rolsteen wellicht van daar overgenomen.

Het omhullen met (gebruikt) linnen kan behoren tot het materiaal van de overlevering. Het is gebruik bij alle begrafenisvormen in het Jodendom. Toch valt op dat Jozef linnen *koopt*. Dat houdt in dat het nieuw is. We zeiden al dat de begrafenis van Jezus door Jozef teruggaat op de overlevering, maar het *nieuwe* linnen zou een verandering kunnen zijn, om te voorkomen dat er oneer aan de begrafenis zou kleven.[16]

Anderzijds zijn er echter ook aanwijzingen die afwijken van de omstandigheden bij een normale begrafenis. Zo dient men zich te realiseren dat Jezus in ieder geval niet in het graf van zijn familie in Nazareth werd begraven, wat absoluut zou hebben behoord bij een eervolle begrafenis. Voorts heeft Marcus al melding gemaakt van de zalving van Jezus *voor* zijn dood in hoofdstuk 14 en haar opgevat als een zalving die past bij het begraven. Toch komt het niet tot een eervolle zalving van het *lijk* van Jezus, zoals die gebruikelijk is in het begrafenisritueel.

De traditie in Marc. 15:42-47 vertelt dus over een begrafenis van Jezus door Jozef uit Arimathea, een lid van de Hoge Raad. Over de wijze van begraven zijn alleen uit dit relaas geen nadere historische gegevens te vinden. Toch zijn er aanknopingspunten voor de veronderstelling dat Marcus met de traditie van een oneervolle begrafenis is geconfronteerd en daaraan een andere interpretatie heeft verbonden.

De bewerking van Marcus 15:42-47 door de naaste referenten

De naaste referenten Mattheus en Lucas alsook Johannes hebben de figuur van Jozef 'verchristelijkt', resp. nog positiever getekend dan Marcus al gedaan had. In afwijking van de versie van Marcus was Jozef van Arimathea volgens Mattheus een rijk man en een leerling van Jezus (Matt. 27:57). Lucas tekent hem als een goed en rechtvaardig mens (Luc. 23:50), die niet had deelgenomen aan de veroordeling van Jezus door de Hoge Raad, en in PetrEv.[17] 2:3 wordt hij als 'vriend van de Heer' aangeduid.

Ook in het evangelie van Johannes wordt Jozef van Arimathea als discipel van Jezus opgevoerd (Joh. 19:38), die ongetwijfeld zijn discipelschap uit vrees voor de Joden verborgen heeft gehouden (vgl. Joh. 12:42; 9:22). Het verhaal bevat nog het detail dat Nicodemus, 'die de eerste maal (vgl. Joh. 3:2) des nachts tot hem gekomen was' (Joh. 19:39a), op het toneel verschijnt en samen met Jozef het lijk van Jezus begraaft (19:39v).

De *tendens* in de vroegchristelijke verteltraditie over de begrafenis van Jezus door Jozef van Arimathea zal inmiddels volstrekt duidelijk zijn geworden. Uit de raadsheer is een discipel van Jezus gegroeid — bijna zou men kunnen zeggen: uit de vijand een vriend — en uiteindelijk neemt zelfs nog een andere vertrouweling van Jezus, Nicodemus, aan de begrafenis deel.

Maar ook de begrafenis zelf wordt in toenemende mate positief beschreven. Zei Marcus nog dat het een rotsgraf was, zijn referenten veronderstellen dat niet slechts als bekend maar weten bovendien nog te vermelden dat het Jozefs *eigen* graf was (Matt. 27:60, PetrEv. 6:24[18]). Johannes (20:15) en eveneens PetrEv 6:24 localiseren het zelfs in de tuin, wat een eervolle onderscheiding impliceert (vgl. 2 Kon. 21:18,26). Ten slotte beschrijven Mattheus (27:60), Lucas (23:53) en Johannes (19:41v) het graf als nieuw, waarmee het eerbetoon aan Jezus tot uitdrukking komt, en voorts wordt uitgesloten dat Jezus bijvoorbeeld in een graf voor misdadigers zou zijn gelegd.

We kunnen dus concluderen dat alleen de versie van Marcus als bron voor de vraag naar de historische waarde van de traditie kan dienen. Tegelijkertijd moet worden opgemerkt dat, als het juist is dat de tendens na Marcus ertoe leidt dat Jozef wordt 'verchristelijkt', onze stelling nog versterkt wordt, namelijk dat het relaas van Marcus al een wijziging in positieve zin van de figuur van Jozef tekent. De vraag dient zich dus aan: wanneer het verhaal van de begrafenis in toenemende mate leidt tot een eerbetoon aan Jezus, moet daarmee dan misschien niet een oneervolle begrafenis worden verdrongen? Met andere woorden: *Is in de versie van Marcus al niet een voortgeschreden traditie aanwezig, die het vreselijke gebeuren van de dood van Jezus tracht te verwerken in die zin, dat Jezus tenminste, dankzij een voorname raadsheer, een ordentelijke begrafenis heeft gekregen?*

Het verhaal in Johannes 19:31-37

Een andere bron voor de reconstructie van de begrafenis van Jezus is de tekst van Joh. 19:31-37:

> 31: Omdat het echter rustdag was en de lijken niet de sabbat over aan het kruis mochten blijven — want deze sabbat was een hoge feestdag -, vroegen de Joden Pilatus, dat hun de benen gebroken en zij weggenomen zouden worden.

32: Toen kwamen de soldaten en braken van de eerste de benen en ook die van de andere, die met hem gekruisigd was.
33: Maar toen ze bij Jezus gekomen waren en zagen, dat hij al gestorven was, braken ze hem zijn benen niet;
34: maar een van de soldaten stak met de speer in zijn zijde, en meteen kwam er bloed en water uit.
35: En die het gezien heeft, heeft het getuigd, en zijn getuigenis is waar, en hij weet dat hij de waarheid zegt, opdat ook jullie gelooft.
36: Want het is geschied, opdat de Schrift werd vervuld (Ex. 12:46): 'Jullie zullen hem geen been breken.'
37: En opnieuw zegt de Schrift, op een andere plaats (Zach.12:10): 'Ze zullen hem zien, die ze doorboord hebben'.

De tekst is zo gecomponeerd, dat Ps. 34:21[19], Ex. 12:46 en Zach. 12:10 worden omgezet in handeling (vgl. de nadrukkelijke verwijzing: 'opdat de Schrift vervuld werd'; v. 36). Toch blijkt daaruit nog niet dat het hele verhaal een later bedenksel is. Als traditiekern blijft veeleer de vraag van de Joden aan Pilatus, dat het lijk van Jezus van het kruis zou mogen worden afgenomen (v. 31). Het feit, dat dit verzoek juist *niet* werd ingewilligd, pleit ervoor dat dit een oudere traditie is. Waarom immers zou iemand een dergelijke marginale opmerking, die in het plan voor zijn literaire concept geen rol speelt, bedenken?

V. 38 begint dan helemaal opnieuw met het verzoek van Jozef, en hijzelf (niet de Romeinen!) neemt het lijk van het kruis. De onverenigbaarheid van de beide verslagen kan niet worden ontkend. Blijkbaar werd het oorspronkelijke afsluitende deel van het relaas (de 'begrafenis' van Jezus door de Joden) verwijderd. Op deze plaats kwam later de mededeling van een graflegging van Jezus door Jozef en Nicodemus (Joh. 19:38-42).

Wat als oorspronkelijke notitie achter Joh. 19:31-37 werd vermoed, vindt een pendant in Hand. 13:29 (Joden 'namen... hem [Jezus] af van het hout en legden hem in een graf'). Weliswaar wordt dikwijls beweerd dat dit vers uitsluitend bepaald is door de theologie en taal van Lucas en daarom van Lucas zelf afkomstig is. Maar dit is geenszins bewezen. Gewoonlijk stelt Lucas immers in de zendingstoespraken van de Handelingen der apostelen zonder meer de Joden aansprakelijk voor de dood van Jezus (Hand. 2:23; 3:13-15, 4:27; 5:30; 7:53; 10:39; 13:28). Op *deze* plaats echter (Hand. 13:29) zorgen de Joden voor de kruisafname van het lijk en de begrafenis, wat zich slecht laat combineren met het motief van de aansprakelijkheid. Het is niet te verklaren waarom Lucas belang zou hebben bij deze gang van zaken. Hier is dus sprake van een zelfstandige overlevering, die Lucas overnam en die overeenkomt met de overleveringen achter Joh. 19:31-37.

Hoe Jezus werkelijk werd begraven

Uit de hierboven geschetste gegevens kan met grote waarschijnlijkheid worden geconcludeerd dat de traditie van een begrafenis van Jezus berust op twee *van elkaar onafhankelijke* verslagen: a) Jozef van Arimathea verzoekt Pilatus om het lijk van Jezus en begraaft het; b) Joden verzoeken Pilatus om het lijk van Jezus en begraven het. *Daarbij is duidelijk dat traditie b) naar alle waarschijnlijkheid de oudste is en a) een latere versie vertegenwoordigt, althans voorzover ze betrekking heeft op de bovengenoemde tendenties van een christelijke interpretatie.*

Dit werpt de vraag op, hoe Jezus in werkelijkheid werd begraven. Daartoe moet allereerst worden nagegaan, hoe begrafenissen van gekruisigden indertijd gewoonlijk plaatsvonden.

De Romeinse rechtspraxis schreef voor dat de aan het kruis gestorvenen aan het kruis moesten ontbinden, resp. door gieren, jakhalzen of andere dieren moesten worden verteerd. —Dit moest een vermaan zijn voor de levenden. Deze mogelijkheid is uitgesloten voor Jezus, omdat de tradities eenstemming verhalen van een kruisafname (ook 1 Kor. 15:4 gaat daarvan uit). Daarom zou de 'begrafenis van Jezus kunnen behoren tot de uitzonderingsgevallen, waarbij de Romeinse autoriteiten het lijk vrijgaven. Over een dergelijke uitzondering schrijft de joodse geschiedschrijver Philo aan het begin van de eerste eeuw.[20] Vermoedelijk hebben de Joden Jezus van het kruis genomen, omdat een gestorven gekruisigde niet de nacht over aan het hout mocht hangen (Deut. 21:23), en omdat een feestdag (= het Pascha) ophanden was. Bovendien was het vrijgeven en de afname van het kruis van Jezus ook naar de wens van Pilatus, omdat zo bij voorbaat, met het oog op het grote aantal feestgangers, onrust werd voorkomen.

Over de precieze plaats van de begrafenis van Jezus zijn slechts veronderstellingen mogelijk. De hypothese van een begrafenis van Jezus in het familiegraf van Jozef van Arimathea staat haaks op de tendentie van de vroegchristelijke overleveringen, die een overlevering omtrent of althans een vrees voor een *oneervolle begrafenis van Jezus* verraden. De veronderstelling dat Jezus werd begraven op een stukje speciaal voor ter dood gebrachten gereserveerde grond, een joods gebruik, is vrijwel onmogelijk, omdat Jezus immers *door de joodse autoriteiten* werd geëxecuteerd. Omdat noch de discipelen noch de naaste familieleden zich hebben bekommerd om het lijk van Jezus, is het nauwelijks denkbaar dat ze geïnformeerd waren over het feit waar Jezus lijk verbleef.

De beide hierboven gereconstrueerde tradities kennen wellicht elk Jozef van Arimathea. Hij zou het dan zijn geweest, die (van de Joden) de opdracht kreeg om de begrafenis van Jezus te regelen. Dat hij een discipel of een vriend van Jezus was, is onwaarschijnlijk. De omgekeerde conclusie, dat hij als lid van de Hoge Raad automatisch tot de vijanden van Jezus zou behoren, is evenmin vol te houden, omdat — historisch gezien —een veroordeling van Jezus door de

Hoge Raad ernstig betwijfeld moet worden. Waarheen hij (of ons onbekende Joden) het lijk heeft (hebben) gelegd, valt niet meer te achterhalen.

Dat wist blijkbaar ook de vroegste gemeente niet. Want uitgaande van de grote betekenis van de graven van heiligen ten tijde van Jezus, mag worden verondersteld dat de vroege Christenen, als ze zouden hebben geweten waar het graf van Jezus was geweest, dat zeker zouden hebben vereerd, en dan zouden daaromtrent tradities bewaard zijn gebleven.[21]

De opstanding van Jezus

De eigenlijke opwekking van Jezus uit de doden, dus de gang van zaken op zich, wordt in geen enkele tekst van het Nieuwe Testament geschetst. Buiten het Nieuwe Testament daarentegen zijn er wel enkele teksten die de gang van zaken bij de opstanding zelf beschrijven. Hoe deze overleveringen moeten worden beoordeeld, wordt besproken op p. 78vv.

In de formulering van de uitspraken over de opstanding van Jezus is altijd al de opstandings*verschijning* van Jezus aan bepaalde personen verondersteld. Want deze verschijningen hebben immers de idee gevestigd, dat Jezus opgestaan is. Zo speelt bij de vraag naar de eigenlijke opstanding ook steeds die naar de opstandingsverschijningen een rol. Desondanks moeten deze, in overeenstemming met de uitspraken van Paulus in 1 Kor. 15, later separaat worden behandeld.

We zullen nu eerst de Paasverhalen van de vier evangeliën systematisch analyseren. De volgorde waarin we dat zullen doen (de evangeliën van Marcus, Lucas, Mattheus en Johannes) wordt bepaald door het tijdstip waarop de evangeliën werden geschreven (zie voor de chronologie p. 17). Daarbij moet bij voorbaat worden vastgesteld dat alle evangeliën in hun opstandingsverhalen verschillende accenten leggen. Weliswaar kan worden verondersteld dat Marcus zowel aan het evangelie van Mattheus als aan dat van Lucas ten grondslag ligt en dat Johannes literair, resp. wat de overleveringsgeschiedenis betreft jonger is. Maar 'dat mag in geen geval zo worden opgevat, dat de nieuw aangebrachte elementen in Matt. en Luc. eenvoudig door literaire bewerking van Marc., en de specifieke kenmerken van Joh. door literaire omvorming van de synoptische teksten zouden zijn bepaald. Achter de traditie-geschiedenis die de teksten weerspiegelen staat een mondeling-schriftelijke overlevering...'[22]

De nieuwtestamenticus Joachim Jeremias beschreef in 1971 de Paasverhalen van de evangeliën heel nauwkeurig en noemde als opvallendste literaire probleem van de opstandingsteksten hun onderlinge verschillen en hun bonte verscheidenheid. Van een gemeenschappelijk raam zou hoogstens sprake kunnen zijn in de volgorde: het lege graf — de verschijningen. Alle overige tekstuitspraken zijn volgens hem onderling zeer verschillend.

'Dat geldt allereerst voor de kring van *personen*. De Opgestane verschijnt nu eens aan een individu, dan weer aan een paar discipelen, een besloten kring, een grote menigte, enkele aanhangers als Jozef en Matthias (Hand. 1:22v), maar ook aan sceptici zoals de oudste uit de familiekring, Jacobus (1. Kor. 15:7); ten minste in één geval is het een fanatieke tegenstander'[23], namelijk Paulus (1 Kor. 15:8).

Vervolgens wijst Jeremias op de verschillende *plaatsen* waar ze zich afspeelden: in huis, in de open lucht, bij Jeruzalem, in een Judees dorp, aan de oever van het Meer van Gennésareth, in het Galilese bergland, en één keer buiten Palestina, voor Damascus.

Deze verscheidenheid van informatie over de opstanding staat in schril contrast met de lijdensverhalen van de evangeliën. Bij het *lijden van Jezus* zijn de mededelingen van de teksten bijna overeenstemmend. Volgens Jeremias is de reden van dit structurele verschil tussen lijdensverhaal en Paasverhalen gelegen in de gebeurtenissen zelf. Want terwijl 'het lijden een overzichtelijk, zich in Jeruzalem afspelend proces van enkele dagen was, gaat het bij de Christofanieën om een veelheid van uiteenlopende gebeurtenissen, die zich over een langere tijdsduur, waarschijnlijk over jaren, uitstrekten; pas relatief laat heeft de overlevering de tijdsduur beperkt tot veertig dagen (Hand. 1:3)' (p. 286).

In het vervolg van zijn betoog werkt Jeremias drie motieven uit, die achteraf aan de Paasverhalen zijn toegevoegd: *Ten eerste* gaat het er volgens hem om dat men de informatie over de verschijningen met woorden van de Opgestane en met gesprekken met hem heeft opgesierd.

Ten tweede heeft de dwang van de bewijslast, waaronder de eerste Christenen stonden, de definitieve vorm van de Paasverhalen beïnvloed. Uiteindelijk geven ze blijk van de reactie van de gemeente op de twijfel en spot van buitenstaanders (vgl. de legende van de wachters bij het graf, Matt. 27:62-66; 28:11-15) en leggen ook daarom bijzondere nadruk op de lichamelijkheid van de Opgestane (Luc. 24:39; Joh. 20:20; Luc. 24:41-43).

Ten derde heeft de binnenkerkelijke ontwikkeling de Paasverhalen gevormd; zo zijn kerkelijke formuleringen (Matt. 28:19), de kerkelijke kalender (Joh. 20:26; Hand. 2:1vv) en vooral de zendingsopdracht van de kerk (Matt. 28:16-20; Luc. 24:44-49; Hand. 1:4-8) in de verhalen verwerkt.

Zeker is in ieder geval dat er na de dood van Jezus iets moet zijn gebeurd, dat de aanhangers ertoe bracht om over Jezus als de opgestane Christus te spreken. In het Nieuwe Testament zijn veel reacties op de opstanding van Jezus overgeleverd, ten dele al uit heel vroege tijd. Ze betreffen korte geloofsuitspraken zoals 'God, die Jezus uit de doden heeft opgewekt' tot de uitvoerige Paasverhalen. Alleen bij de laatste bestaat hoop dat door kritische analyse een antwoord kan worden gevonden op de vraag wat er historisch gezien met Pasen werkelijk gebeurd is.

Het Paasgebeuren volgens Marcus

Het oorspronkelijk slot van het evangelie van Marcus (Marc.16:1-8)

1: En toen de sabbat voorbij was, kochten Maria van Magdala en Maria, de moeder van Jacobus, en Salome welriekende olie, om hem te gaan zalven.
2: En ze kwamen bij het graf op de eerste dag na de sabbat, heel vroeg, toen de zon opging.
3: En ze zeiden tegen elkaar: Wie zal ons de steen van de ingang van het graf wegrollen?
4: En toen ze opkeken werden ze gewaar, dat de steen weggerold was; want hij was heel groot.
5: En ze gingen het graf binnen en zagen een jongeman zitten aan de rechterzijde, die een wit gewaad droeg, en ze schrokken hevig.
6: Maar hij zei tot hen: Schrik niet! Jullie zoeken Jezus de Nazarener, de gekruisigde. Hij is opgewekt, hij is niet hier. Kijk, daar is de plaats waar ze hem neergelegd hadden.
7: Maar gaat heen en zegt aan zijn discipelen en Petrus, dat hij jullie zal voorgaan naar Galilea; daar zullen jullie hem zien, zoals hij jullie heeft gezegd.
8: En ze gingen naar buiten en vluchtten van het graf; want siddering en ontzetting hadden hen bevangen. En ze zeiden niemand iets; want ze waren bang.

Dit relaas is in veel opzichten merkwaardig: Het *eerste* waar de lezer over valt betreft zijn plaats, aan het eind van het evangelie. Het is aangetoond en algemeen aanvaard dat de verzen vanaf Marcus 16:9 pas later zijn toegevoegd. Dus doet zich hier de vraag voor: Hoe kan een evangelie eindigen met de zin 'want ze waren bang'?

Nu is al sinds oudsher gepoogd om een oorspronkelijk slot van het evangelie van Marcus te reconstrueren. Er wordt op gewezen dat in de tweede eeuw verscheidene versies zijn toegevoegd en dat de naaste referenten Mattheus en Lucas de tekst van Marcus, die niet verder ging dan 16:8, in hun eigen evangelie voorzien hebben van een aanvulling. Daaruit wordt geconcludeerd dat het oorspronkelijk slot van Marcus al vroeg afgebroken zou zijn (verlies van een bladfragment of opzettelijke verwijdering). Op die manier zou zijn voorkomen dat de lezer over dit fragment valt.

Ongeacht alle aanvullingen moet toch op methodische gronden allereerst de poging worden ondernomen om het overgeleverde evangelie van Marcus te verstaan in de vorm waarin het zich presenteert. Speculaties over verloren gegane fragmenten mogen pas aan de orde komen, wanneer de als 'echt' opgevatte delen niet bevredigend kunnen worden geïnterpreteerd. Bovendien wordt vaak vergeten dat een eventueel verlies van een bladfragment al zou hebben moeten plaatsvinden bij het oorspronkelijke exemplaar. Boeken werden immers voortdurend door overschrijven gekopieerd, en hoe later de beschadiging in dit kopieerproces zou hebben plaatsgevonden, des te eerder zou het behoud van ten minste één origineel Marcus-slot te verwachten zijn geweest.

Het *tweede* waarover de lezer valt in het bovenstaand relaas, is over de inhoud van hetgeen door Marcus wordt verhaald: Wanneer de vrouwen geen gehoor geven aan de opdracht van de engel, zoals v. 8 zegt, hoe zou dan het bericht omtrent de opstanding de discipelen en Petrus hebben bereikt? Hier moet dus historisch iets niet kloppen.

V.1: Het verhaal wordt ingeleid met een tijdsaanduiding ('sabbat' sluit aan bij 'voor-sabbat' van v. 15:42). In v. 2 wordt dan de tijdsaanduiding van v. 1 herhaald ('op de eerste dag na de sabbat'). De hier vooronderstelde datering 'derde dag' behoort zeker tot de overlevering. Daarbij is niet uit te sluiten dat de datering moest dienen als rechtvaardiging van het kerkelijk Paasfeest (vgl. Hand. 20:7; Op. 1:10; 1 Kor. 16:2[?]).

De voorgenomen zalving herinnert aan 14:3-9 (zalving van Jezus door de [anonieme] vrouw[24] in Bethanië). Daar vindt de zalving bij voorbaat plaats 'voor de begrafenis' (14:8). Doordat Marcus dit motief in samenhang met vrouwen hier in 16:1 opnieuw opvoert, omkadert hij het lijdensverhaal met verhalen met gelijksoortige motieven.[25] Daarachter zou evenwel de oorspronkelijke traditie van een dodenklacht door de vrouwen kunnen staan (vgl. Luc. 23:27).

De vrouwennamen sluiten aan bij Marc. 15:40 en 15:47. In alle drie de gevallen wordt Maria van Magdala als eerste genoemd. Marcus was blijkbaar van mening dat het steeds over dezelfde Maria-groep ging. Omdat van deze vrouwelijke discipelen van Jezus in het evangelie tot nu toe geen sprake was, vertelt hij in 15:41 alsnog dat ze hem al vroeg in Galilea waren gevolgd en hem hadden gediend (vgl.Marc. 1:31).

Hier kan de vraag gesteld worden, of de herhaalde vermelding van de vrouwen teruggaat op verschillende overleveringen. Als dat aan te tonen zou zijn, zou men er des te meer van kunnen uitgaan dat hier sprake is van een in die tijd algemeen bekende groep personen.

V. 15:40v maakt in de context een geïsoleerde indruk. De belijdenis van de hoofdman onder het kruis: 'Waarlijk, deze mens is Gods zoon geweest' (15:39) is het hoogtepunt, en de daarop volgende lijst van vrouwen (15:40) met verklaring (15:41) wekt de indruk later aangevuld te zijn. Nu heeft ongetwijfeld Marcus zelf v. 41 geformuleerd. Het noemen van de namen van de drie vrouwen in Marc. 15:40 ('Maria van Magdala en Maria, de moeder van Jacobus de Jongere en van Joses, en Salome') komt overeen met Marc. 16:1 en 15:47: Maria van Magdala, Maria en Salome. Daarentegen verschillen de bijnamen van Maria in 15:47 ('de moeder van Joses') en 16:1 ('de moeder van Jacobus'), wat zou kunnen wijzen op van elkaar onafhankelijke tradities; maar ze komen in ieder geval overeen met één bijnaam van Maria uit Marc. 15:40. Dus kan worden vermoed dat Marcus ook dit v. 40 zelf heeft geformuleerd, omdat hij de namen van de vrouwen uit de tradities van Marc. 16:1 en 15:47 heeft overgenomen.

Tegelijkertijd mag worden betwijfeld dat de vrouwen in 15:47 oorspronkelijk met de graflegging van Jezus verbonden waren. Veeleer heeft Marcus hun namen in zijn overlevering van het lijden aangetroffen en hen naar hier verplaatst, om een betere overgang naar 16:1 te creëren.

We kunnen dus concluderen dat zowel in de overlevering van het lijdensverhaal als in die van de daarop volgende geschiedenis van het graf onafhankelijk van elkaar een vermelding van de vrouwen voorhanden is geweest.

V. 2: 'Graf' slaat op hetzelfde woord in 15:46. 'Toen de zon opging' sluit aan bij 'toen het avond geworden was' (15:42): de aanbrekende nacht had de zalving van Jezus verhinderd. Dat men 's morgens voor zonsopgang geen zalven kon kopen, stoort de verteller niet. Alles is er slechts op gericht dat de vrouwen bij het graf komen.

V. 3-4: 'Steen' en 'ingang van het graf' herhalen dezelfde woorden van 15:46. Dit vers — zoals ook de volgende — heeft Marcus waarschijnlijk zelf opgesierd.

V. 5: De discipel in het witte gewaad[26] is een hemelse figuur. Matt. 28:2 identificeert hem later concreet als een engel.

Het hele gebeuren is een soort verschijningsscène. Het 'zitten aan de rechterzijde' geeft de boodschap van de jongeman nadruk en bevestigt hetgeen hij zegt, omdat 'rechts' de juiste, gelukkige plaats aanduidt (vgl. Joh. 21:6) en omdat 'zitten' een duidelijke uitdrukking van het gezag is waarmee de jongeman spreekt (vgl. Dan. 7:9; Op. 21:5).

De reactie van de vrouwen, de ontzetting (niet wegens het lege graf, maar wegens het zien van de engel) draagt in woordkeuze de kenmerken van Marcus: zo komt de hier gebruikte uitdrukking voor 'ontzetting' in het Nieuwe Testament alleen bij Marcus voor (9:15; 14:33; 16:5,6). Het gaat hierbij om een voor Marcus typisch woord, dat verwijst naar het thema van de lijdende Christus, dat tot Marc. 16:8

op de voorgrond zal staan.

V. 6: 'Ontzetting' herhaalt hetzelfde woord van v. 5. 'Jezus de Nazarener, de gekruisigde' is een latere toevoeging en heeft betrekking op de lijdensgeschiedenis (Marc. 14-15), alsook op de voorzeggingen van het lijden (Marc. 8:31, 9:31; 10:34). Doordat Jezus voorts 'de Nazarener' (vgl. 1:24; 10:47; 14: 67) wordt genoemd, is een gelijkstelling met de aardse Jezus verzekerd.

De boodschap van de jongeman is dat Jezus werd opgewekt. Ze komt overeen met een uitspraak van Jezus uit 8:31; 9:31 en 10:3.

4. De verwijzing naar het lege graf ('hij is niet hier') onderstreept de werkelijkheid van Jezus opwekking. Toch moet hier gelet worden op de volgorde: de zin 'Jezus werd opgewekt' staat voorop; 'pas dan komt ook het lege graf in het blikveld... De tendens is dus niet: het graf is leeg, dus Jezus is opgestaan; het is juist omgekeerd: Jezus is opgewekt — hij is niet hier — het graf is dus leeg.'[27]

V. 7: Het vers bevat de opdracht aan de vrouwen om de discipelen en Petrus mee te delen dat Jezus hen zal voorgaan naar Galilea. Daarmee wordt nadrukkelijk terugverwezen naar Marc. 14:28 ('Wanneer ik echter ben opgestaan, zal ik jullie voorgaan naar Galilea'); het is duidelijk dat beide verzen latere constructies zijn. Het evangelie moet daar eindigen waar het begon: in Galilea. — Het feit dat Jezus voorgaat verwijst, evenals in Marc. 10:32, naar de christelijke weg, die in de navolging van Jezus dient te worden bewandeld. Marcus staat hier in de oerchristelijke traditie, waarin de 'weg' een vaststaande uitdrukking is geworden voor de 'christelijke weg' (vgl. Hand. 9:2: 'aanhangers van de nieuwe weg').

V. 8: De vlucht van de vrouwen herinnert aan de vlucht van de discipelen in 14:50. Hun vrees wordt in dit vers zelfs tweemaal beschreven (vgl. een soortgelijke verdubbeling in Marc. 10:32). Ze leidt ertoe dat ze tegen het uitdrukkelijke bevel van de jongeman in niemand iets vertellen. Deze ongehoorzaamheid stemt overeen met het falen van de discipelen in het hele evangelie van Marcus.

De zin die het evangelie afsluit, 'want ze waren bang', is afkomstig van Marcus. Als slot van het relaas en het evangelie is het weliswaar ongebruikelijk en verrassend, maar alleszins voorstelbaar. Men kan daarbij bijvoorbeeld verwijzen naar Gen. 18:15 in de versie van de Griekse vertaling ('Toen loog Sara en sprak: Ik heb niet gelachen') als bewijs dat 'ze waren bang' aan het slot van een zin en van een verhaal kan staan. Bovendien is v. 8b een terugverwijzing naar de reeds levendig geschetste vrees van de vrouwen. Daarom 'zal men moeilijk kunnen bestrijden, dat de tekst, zoals hij luidt, heel begrijpelijk is en een indrukwekkend ritme in de stijl laat zien'.[28]

Het abrupte slotvers Marc. 16:8 past heel goed in de conceptie van het evangelie van Marcus: wanneer de vrouwen zwijgen, hangt alles daarna af van de *zich zelf* in de christelijke gemeente bewijzende Jezus. En dat is voor het concept dat past bij Marcus van groot belang.

Marc. 16:1-8 is dus een zinvol einde van het evangelie, en wel als een aanschouwelijk maken van de boodschap van kruis en opstanding (v. 6), dat ingebed werd in de dramatische episode van 16:1-8. Evenzo kan het hele evangelie worden verstaan als een aanschouwelijk maken van deze boodschap (= verkondiging als verhaal).

De overlevering achter Marcus 16:1-8 en haar historisch gehalte

Nu de tekstbasis van de opstandingsgeschiedenis van Marc. 16:1-8 vaststaat, gaat het in het volgende om de achter die tekst staande tradities en de vraag naar hun historiciteit. Dat de vermelding van de vrouwen (Maria Magdalena, Maria, Salome) niet pas door Marcus in de geschiedenis rond het graf werd ingevlochten, maar daar traditioneel al toe behoorde, werd al opgemerkt. Allereerst moet nu opgehelderd worden of Marc. 16:1-8★[29] onderdeel is geweest van een lan-

bedoeld wordt: de vóór Marcus liggende traditie

gere lijdensgeschiedenis, daterend van vóór Marcus:

Tegen Marc. 16:1-8* als onderdeel van een lijdensgeschiedenis, daterend van vóór Marcus en voor de tekst als oorspronkelijk zelfstandige eenheid pleiten de volgende overwegingen:

1. Marc. 16:1 maakt een nieuw begin;

2. Marc. 16:1 en 15:47 hebben twee verschillende lijsten van vrouwen. Als beide teksten bij elkaar gehoord hadden, zou er zeker één gelijkluidende lijst zijn overgeleverd;

3. Verwijzingen naar het Oude Testament, die elders dikwijls in de lijdensgeschiedenis zijn te vinden, ontbreken in Marc. 16:1-8;

4. Marc. 16:1-8 en de geschiedenis van de graflegging in Marc. 15:42-47 passen niet goed bij elkaar. In de geschiedenis van de graflegging lijkt de begrafenis van Jezus *afgesloten* tezijn. Daarmee is het verslag van de zalving door de vrouwen op Paasmorgen (Marc. 16:1) in tegenspraak, want een dergelijk plan vooronderstelt een nagelaten zalving van het lijk en derhalve een slechts *voorlopige* begrafenis.

Het lijkt dus waarschijnlijk dat Marc. 16:1-8* geen bestanddeel van een lijdensgeschiedenis van vóór Marcus was, maar dat het ging om een kleine, zelfstandige eenheid, die door Marcus op deze plaats werd toegevoegd. Opmerkelijk is verder de expressieve kracht van de vertelling. Rudolf Bultmann beschrijft de opbouw van de geschiedenis als 'indrukwekkend: het overleg van de vrouwen v. 3, de verrassende aanblik van de weggerolde steen en de verschijning van de engel v. 4v, het meesterlijk geformuleerde woord van de engel v. 6, en de schokkende indruk v. 8'[30], die de ontdekking van het lege graf maakt. Volgens Bultmann is deze geschiedenis ontstaan als antwoord van de vroege Christenen op polemische vragen van de Joden. Natuurlijk groeide aan beide kanten (Christenen én hun tegenstanders) de belangstelling voor de plek waar het lichaam van Jezus was gelegd, vooral omdat een verkondiging van Jezus als de Opgestane bij tegenstanders resp. ongelovigen de vraag naar het lichaam van Jezus juist provoceerde. Matt. 28:13-15 weerspiegelt deze situatie indrukwekkend:

> *13*: Zegt, dat zijn discipelen 's nachts gekomen zijn en hem hebben gestolen, terwijl wij sliepen.
>
> ...
>
> *15*: Ze namen het geld aan en deden zoals hun gezegd was. En zo is dit tot een gerucht geworden bij de Joden tot op de huidige dag.

Zo dient het relaas van Marc. 16:1-8 een dubbel doel: Het verbindt de christelijke verkondiging van de opstanding van Jezus met haar consequentie, het lege graf. *Als bewijs voor het feit dat het graf inderdaad leeg was, is het relaas evenwel niet bruikbaar. Het doel van het verhaal is om argumenten tegen mogelijke kritiek te leveren: v. 3-6 verdedigt de feitelijkheid van de opstanding en v. 8 de authenticiteit van hetgeen wordt verteld.*

Alleen de uitspraken van Marc. 16:1-8 laten een reconstructiepoging ten aanzien van het ontstaan van de overlevering toe: aan het begin stond de boodschap van de opstanding (v. 6). Van daaruit ontwikkelde zich als verdediging tegen polemische vragen van tegenstanders van het vroege christendom het verhaal van het lege graf. Dat vrouwen de hoofdpersonen van deze legende vormden, was niet zo vreemd, omdat de vlucht van de discipelen immers bekend was; als getuigen van de opstanding waren dezen dus onbruikbaar. Tegelijkertijd waren echter de vrouwen een deel van de lijdensgeschiedenis, en omdat lijden, dood en opstanding in de christelijke verkondiging bij elkaar horen, kan de behoefte ontstaan zijn, om ook te vertellen hoe de vrouwen vernamen van Jezus' opstanding. Zo vormde zich achteraf op de basis van het vroege christelijke geloof een legende met vrouwen bij het graf van Jezus als ontvangsters van de verkondiging van de opstanding.

Dat het 'credo' van dood en opstanding van Jezus — verbonden met een verschijning aan Petrus — aan het *begin* van deze ontwikkeling stond, blijkt direct uit v. 7. Hier worden 'de discipelen en Petrus' genoemd in samenhang met het 'zien' van de Opgestane. Dat zou betrekking kunnen hebben op de oude overlevering in 1 Kor. 15:5, waarin Kefas en de Twaalf werden genoemd als de eerste getuigen van de verschijning van de Opgestane. (Let wel: v. 7 is door Marcus in de traditie ingevoegd, maar het vers lijkt bewaard te zijn gebleven omdat het naar zijn inhoud teruggaat op een oudere bron.)

De gang van Maria Magdalena met de andere beide vrouwen naar het graf van Jezus op de dag na de sabbat kan moeilijk als historisch beschouwd worden.

Het later aan het evangelie van Marcus toegevoegde slot (Marc. 16:9-20)

Het pas later aan het evangelie van Marcus toegevoegde lange slot (16:9-20) herinnert in zijn opsomming van veel opstandingsverschijningen aan 1 Kor. 15:3-8.

> *9*: Maar toen Jezus opgestaan was, vroeg, op de eerste dag van de week, verscheen hij eerst aan Maria van Magdala, bij wie hij zeven boze geesten uitgedreven had.
> *10*: En zij ging heen en vertelde het degenen die met hem geweest waren en treurden en weenden.
> *11*: En toen ze hoorden dat hij leefde en aan haar verschenen was, geloofden ze het niet.
> *12*: Daarna openbaarde hij zich in een andere gedaante aan twee van hen onderweg, toen die naar het land gingen.
> *13*: En die gingen ook heen en vertelden het aan de anderen. Maar ook hen geloofden ze niet.
> *14*: Tenslotte, toen de elf aan tafel zaten, verscheen hij aan hen en verweet hun hun ongeloof en de hardheid van hun hart, dat ze hen, die hem gezien hadden als

Opgestane, niet hadden geloofd.
15: En hij sprak tot hen: Gaat heen in de gehele wereld en verkondigt het evangelie aan alle schepselen.
16: Wie gelooft en zich laat dopen, die zal gered worden; maar wie niet gelooft, zal veroordeeld worden.
17: De tekenen echter, die degenen die geloven zullen begeleiden, zijn deze: in mijn naam zullen ze boze geesten uitdrijven, in nieuwe tongen zullen ze spreken,
18: slangen zullen ze met de handen optillen, en wanneer ze iets dodelijks drinken, zal het hen niet schaden; op zieken zullen ze de handen leggen en zij zullen genezen worden.
19: Nadat de Heer Jezus met hen gesproken had, werd hij opgenomen in de hemel en zette zich aan de rechterhand van God.
20: Maar zij trokken erop uit en predikten overal. En de Heer werkte met hen mee en bevestigde het woord door de begeleidende tekenen.

De tekst toont een aantal bijzonderheden: Hij plaatst de eerste verschijning van Maria Magdalena vooraan en verdringt daarmee de eerste verschijning aan Kefas. Maar tegelijk wordt de betekenis van de verschijning aan Maria afgezwakt: ze staat weliswaar aan het begin van de keten van getuigen, maar alle gewicht ligt op de latere verschijning aan de elf discipelen, op wie immers ook de uitvoerig verhaalde voorzeggingen van Jezus betrekking hebben (v. 15-18).

Het motief van het ongeloof gaat door de hele perikoop heen (v. 11, 13 en 14). Tegelijkertijd wordt opgeroepen tot het (ware) geloof (v. 16 en 17). Daarmee kan de tekst beschouwd worden als een verdediging van het geloof in de opstanding met gelijktijdige verwijzing naar de wonderen van de kerk (v. 18).[31]

Het is wel zeker dat het fragment niet speciaal geschreven werd als afsluiting van het evangelie van Marcus; het bestond al eerder, en wel als een soort 'Paascatechismus in het onderwijs aan de gemeente'[32] *Het gaat om een soort compositievan de Paasverhalen, die de auteur bekend waren.* Daarbij is overigens een bekend zijn met het evangelie van Marcus en van Mattheus niet aantoonbaar, maar wel met dat van Lucas en van Johannes, alsook met de Handelingen der apostelen.[33] *Aan Marc.16:9-20 kan dan ook, naast hetgeen er al aan bekend materiaal werd aangetroffen, geen aanvullende informatie worden ontleend.*

Het Paasgebeuren volgens Lucas

Lucas schrijft dat 'velen al getracht hebben een verhaal op te stellen over de zaken, die onder ons gebeurd zijn' (Luc. 1:1) en duidt hen aan als *'ooggetuigen* en dienaren van het woord' (Luc. 1:2). Twee van de bronnen die Lucas hier bekend veronderstelt, zijn: het evangelie van Marcus en Q, hoewel hij ze nooit uitdrukkelijk noemt (zie p. *17v)*.

Zoals in het woord vooraf van het evangelie van Lucas duidelijk wordt, beheerst de gedachte van de vervulling van deSchrift — bedoeld zijn de 'voorzeggingen' van het Oude Testament — de beide boeken van Lucas (dus het evangelie en Handelingen). Theologisch hoofddoel van Lucas is dus aan te tonen, dat de profetieën van het Oude Testament door het optreden van Jezus zijn vervuld. Schouwtoneel van dit gebeuren moet natuurlijk de 'heilige stad' Jeruzalem zijn.

Ook in het hoofdstuk over de opstanding, Luc. 24, staat dit streven op de voorgrond. Daarbij lijkt Lucas belang te hebben gesteld in de lichamelijke opstanding van Jezus, om de uiteenlopende beweringen te weerleggen, die de Christenen en hun geloof belasterden (zie p. *66vv*).

Het lege graf en de verkondiging van de opstanding van Jezus (Luc. 24:1-12)

1: Maar op de eerste dag van de week gingen ze al vroeg naar het graf en droegen bij zich kruiden en olie, die ze

hadden klaargemaakt.
2: Ze vonden echter de steen weggerold van het graf
3: en gingen binnen en vonden het lichaam van de Heer Jezus niet.
4: En toen ze zich daarover zorgen maakten, zie, daar stonden twee mannen in blinkend gewaad voor hen.
5: Zij schrokken echter en neigden hun aangezicht ter aarde. Toen zeiden die tot hen: Waarom zoeken jullie de levende bij de doden?
6: Hij is niet hier, hij is opgestaan. Herinner je wat hij jullie heeft gezegd, toen hij nog in Galilea was:
7: De mensenzoon moet overgeleverd worden in de handen van de zondaren en gekruisigd worden en op de derde dag opstaan.
8: En ze herinnerden zich zijn woorden.
9: En ze gingen weer weg van het graf en berichtten dit alles *aan de elf discipelen en al de anderen.*
10: En dat waren Maria van Magdala en Johanna en Maria, de moeder van Jacobus, en de anderen met hen; die zeiden het de apostelen.
11: En deze woorden leken hun onzin, en ze geloofden hen niet.
12: Maar Petrus stond op en holde naar het graf en bukte zich en zag slechts de linnen doeken en ging vandaar en verbaasde zich over hetgeen gebeurd was.

Wat de voor Lucas kenmerkende zin van het relaas is en welke de bronnen zijn, laat zich het best schetsen aan de hand van een vergelijking met het voorbeeld van Marcus. Op de volgende punten wijkt de tekst, met uitzondering van een paar kleinigheden, daarvan af:

1. De vrouwen zagen het graf van Jezus (Luc. 23:55) en maakten nog 's avonds de specerijen en de zalfolie klaar. Ze rustten tijdens de daaropvolgende sabbat naar het gebod (Luc. 23:56). In het model van Marcus zagen de vrouwen slechts (vanuit de verte), waar het lichaam van Jezus was ge-

legd (15:47). Ze kochten *na* de sabbat kruiden, om het lichaam te zalven (Marc.16:1). In *Luc. 24:1* wordt het voornemen om het lichaam te zalven niet uitdrukkelijk vermeld. 'Omdat volgens Lucas de vrouwen hun kruiden al op de dag van de begrafenis klaargemaakt hebben, kunnen ze zich nog vroeger naar het graf haasten. Dat ze er zo vroeg mogelijk wilden zijn, toont de grootte van hun liefde en verering.'[34]

2. De namen van de vrouwen worden door Lucas pas gegeven tegen het einde van zijn verhaal (v. 10), door Marcus al bij het begin (v. 1).[35] De namen van twee vrouwen komen overeen: Maria Magdalena en Maria, de moeder van Jacobus. Salome (Marc. 16:1) wordt niet door Lucas genoemd, wél Johanna, die al in Luc. 8:3 als vrouw van Chuzas was genoemd. Waarschijnlijk heeft Lucas zelf haar daarom hier opnieuw genoemd. Bovendien spreekt Lucas nog over de andere vrouwen, die Jezus hebben begeleid — ook hierbij denkt hij wellicht aan Luc. 8:2-3.

3. De vrouwen tonen bij Lucas geen bezorgdheid over de vraag wie voor hen de steen zal wegrollen (dit is anders dan bij Marc. 16:3), maar vinden precies als in het relaas van Marcus de steen van het graf weggerold en gaan naar binnen (Marc. 16:4/Luc. 24:2v).

4. De daarop aansluitende notitie: 'Ze vonden het lichaam van de Heer Jezus niet', komt bij Marcus niet voor. Daar wijst eerst de jongeman, na de boodschap van de opstanding te hebben meegedeeld, op het lege graf. Deze andere accentuering wijst, samen met het feit dat in *Luc. 24:3* nadrukkelijk sprake is van het *lichaam* van Jezus (zo ook in Luc. 23:55), op een sterkere nadruk op het lege graf en op de lichamelijke opstanding.

5. Bij Lucas komen twee mannen de vrouwen tegemoet (bij Marcus een jongeman, 16:5) in blinkend gewaad (*Luc. 24:4*), die herinneren aan 'de twee mannen in witte gewaden' uit de hemelvaartsscène in Hand. 1:10 (vgl. Luc. 9:30,32).

6. De boodschap van de jongeman bij Marcus (16:6) luid-

de: 'Jullie zoeken Jezus, de Nazarener, de gekruisigde. Hij is opgewekt, hij is niet hier. Kijk, de plaats waar ze hem hebben gelegd'. Dat wordt bij *Luc. 24:5b-6a*: 'Waarom zoeken jullie de levende bij de doden? Hij is niet hier, hij is opgewekt.' Daarmee worden de vrouwen berispt: hoe halen jullie het in je hoofd om Jezus hier te zoeken!

7. *Luc. 24:6b-8* wijkt *aanzienlijk* af van Marc. 16:7. Bij Marcus (en eveneens in Matt. 28:7) krijgen de vrouwen de opdracht om de discipelen van Jezus en Petrus te zeggen dat ze *naar Galilea moeten gaan*; daar zouden ze Jezus zien, zoals hij hun gezegd had. In tegenstelling hiermee verwijzen de beide mannen bij Lucas — in voor Lucas kenmerkend taalgebruik (bijvoorbeeld 'in de handen van *zondige* mensen', v. 7) — de vrouwen op de *vroeger tot hen in Galilea gesproken boodschap* van Jezus, dat de Mensenzoon moest lijden en op de derde dag opstaan (Luc. 9:22; vgl. 9:44; 18:32v). *Daarom* de berisping inv. 6, want deze opstandingsprofetie moest hun toch vertrouwd zijn. Haar te vergeten of er geen rekening mee te houden duidde op niet-geloven.

8. Bij Marcus zwijgen de vrouwen ondanks hun opdracht, bij Lucas delen ze, zonder dat hun daartoe een opdracht moest worden gegeven, de elf discipelen (Judas behoorde niet meer tot de kring van de Twaalf) en alle overigen de boodschap van de opstanding mee (*v. 9*), maar stuiten op ongeloof (*v. 11*).Daarmee wordt de rol van de vrouwen als verkondigsters van de Paasboodschap evenwel niet gebagatelliseerd. Want anders dan in het relaas van Marcus worden de vrouwen *positief* getekend; het zijn de *apostelen* (*v. 10v*), en zeker niet de *vrouwen*, die ongeloof aan de dag leggen.

9. Van een bezoek aan het graf door Petrus (*Luc. 24:12*) weet het voorbeeld van Marcus niets. Dit staat op gespannen voet met het vervolg van de tekst: In Luc. 24:24 wordt gezegd dat 'enkelen' naar het graf gingen. Deze spanning kan worden verklaard uit het gebruik van een al voorhanden traditie, die Lucas hier invoegde. Dat hij zelf de overgangen maakte, wordt duidelijk uit het taalgebruik dat kenmerkend

is voor Lucas: 'opstaan', 'zich verbazen', 'hetgeen gebeurd was'.[36]

Hier doet zich de vraag voor waar Lucas (of zijn bron) het bericht over een bezoek aan het graf door Petrus vandaan haalde. Men zou het volgende kunnen overwegen: Lucas (resp. zijn traditie) kende de overlevering van een verschijning van Jezus aan Petrus (vgl. Luc. 24:34) alsook de overlevering van het bezoek aan het graf door de vrouwen. In Luc. 24:12 zijn beide met elkaar gecombineerd en daar tussengevoegd waar ze behoren, namelijk aan het slot van het bezoek aan het graf door de vrouwen. De gedachte van de auteur zou dan de volgende kunnen zijn geweest: Wanneer de vrouwen hebben verteld dat het graf leeg was, en wanneer Jezus aan Kefas verschenen is, dan is het heel goed denkbaar dat Petrus zich zelf van het lege graf heeft willen overtuigen; dus moest hij daar naartoe zijn gegaan. Als eerste bron van deze combinatie komt of Lucas zelf of — waarschijnlijker — een door hem gebruikte overlevering in aanmerking.

Nu vindt het bezoek aan het graf door Petrus een pendant in Joh. 20:3-8. Ofwel deze tekst veronderstelt bekendheid met Luc. 24:12, ofwel Lucas en Johannes gebruiken een hun beiden bekende traditie van dit bezoek aan het graf. Op grond van de opvallende taalkundige overeenkomst lijkt in ieder geval zeker, dat beide teksten met elkaar samenhangen. Vast staat dat de traditie zoals die in Luc. 24:12 aan de dag treedt vooral een uitgewerktere versie is van de graftraditie van Marc. 16:1-8, waarbij de traditie van de eerste verschijning aan Petrus werd verwerkt. *De traditie achter Luc. 24:12 is dus een latere vorm en daarom voor de vraag naar het 'opstandingsgebeuren' zonder historische waarde.*

De ontmoeting met de Emmaüsgangers (Luc. 24:13-35)

Dit verhaal bestaat uit vier onderdelen:

v. 13-16: inleiding: twee jongemannen ontmoeten Jezus op weg van Jeruzalem naar Emmaüs;

v. 17-27: het gesprek onderweg;
v. 28-31: de maaltijd;
v. 32-35: terugkeer van Emmaüs naar Jeruzalem.

13: En zie, twee van hen gingen diezelfde dag naar een dorp, dat ongeveer twee uur gaans van Jeruzalem ligt, genaamd Emmaüs.
14: En ze spraken met elkaar over alles wat voorgevallen was.
15: En het geschiedde, toen ze zo spraken en met elkaar van gedachten wisselden, dat Jezus zelf zich bij hen voegde en met hen meeging.
16: Maar hun ogen waren niet bij machte hem te herkennen.
17: Hij sprak echter tot hen: Wat zijn dat voor zaken, die jullie onderweg met elkaar overleggen? En ze bleven staan, met sombere gezichten.
18: En de een, Kleopas genaamd, antwoordde en sprak tot hem: Bent u de enige onder de vreemden in Jeruzalem, die niet weet, wat daar in deze dagen is gebeurd?
19: En hij sprak tot hen: Wat dan? En zij zeiden tot hem: Dat met Jezus van Nazareth, die een profeet was, machtig in werk en woord voor God en het hele volk;
20: hoe onze overpriesters en de oversten hem hebben overgeleverd om hem ter dood te veroordelen en hem gekruisigd hebben.
21: Wij hoopten evenwel, dat hij het was die Israël verlossen zou. Maar met dit al is het nu al de derde dag, dat dit gebeurd is.
22: Ook hebben enkele vrouwen uit ons midden ons hevig doen schrikken; zij waren in de vroegte bij het graf geweest
23: en hadden zijn lichaam niet gevonden, en zijn toen komen zeggen, dat ze een verschijning van engelen hadden gezien die zeiden dat hij leeft.

24: En sommigen van ons zijn naar het graf gegaan en hebben het zo bevonden als de vrouwen hebben gezegd; maar hem zagen ze niet.
25: En hij sprak tot hen: O jullie dwazen, tragen van hart om niet te geloven alles wat de profeten gesproken hebben!
26: Moest de Christus dit niet lijden om in zijn heerlijkheid in te gaan?
27: En toen begon hij bij Mozes en alle profeten en legde hun uit, wat in al de Schriften over hem gezegd was.

28: En ze naderden het dorp, waar ze heen gingen. En hij deed alsof hij verder wilde gaan.
29: En ze nodigden hem met aandrang uit en zeiden: Blijf bij ons; want het wordt avond, en de dag loopt al ten einde. En hij ging binnen om bij hen te blijven.
30: En het geschiedde toen hij met hen aan tafel zat dat hij het brood nam, de zegen uitsprak, het brak en het hun aanreikte.
31: Toen werden hun ogen geopend, en ze herkenden hem. En hij verdween uit hun midden.

32: En ze zeiden tot elkaar: brandde ons hart niet in ons, toen hij onderweg met ons sprak en ons de Schriften opende?
33: En ze stonden op en keerden op datzelfde uur terug naar Jeruzalem en troffen de elf bijeen én die bij hen waren;
34: en die zeiden: de Heer is werkelijk opgestaan en aan Simon verschenen.
35: En zij vertelden, wat er onderweg was gebeurd en hoe hij door hen herkend werd, toen hij het brood brak.

A. Inleiding (Luc. 24:13-16)

V. 13: 'En zie' is een typisch bij de taal van Lucas behorende inleiding (vgl. de laatste keer, 23:50); 'van hen' verbindt het relaas met het voorgaande; 'diezelfde dag' komt van Lucas; bij hem spelen alle opstandingsscènes zich af op een en dezelfde dag.

V. 14 grijpt terug naar v. 9, waar de vrouwen 'dit alles' vertelden, de discipelen hen niet geloofden (v. 11) en Petrus desondanks bij het graf ging kijken.

V. 15: Ook de beide jongemannen, van wie de namen nog niet genoemd worden, laat hetgeen hun verteld wordt, niet met rust: ze discussiëren er over (vgl. Luc. 22:23 met Hand. 6:9). Daar sluit hetgeen volgt bij aan: Jezus komt bij hen en wandelt samen met hen beiden verder.

V. 16: Hun ogen 'waren niet bij machte', opdat ze hem niet direct al bij het begin van de ontmoeting zouden herkennen.

Daarmee is de inleiding afgesloten. De 'oplossing' zal daarin bestaan, dat hun ogen worden geopend (v. 31.). Maar voordat dat kan plaatsvinden, moeten de beiden en daarmee de lezers een herkenningsproces doormaken. Dit begint met het gesprek onderweg, v. 17-27.

B. Het gesprek onderweg (Luc. 24:17-27)

V. 17-19: Jezus begint — typisch voor de taal van Lucas (vgl. Hand. 8:30; 9:4, 10) — met een vraag die de dialoog opent. De vaststelling van hun droefheid wordt onderstreept door de stilstand in de handeling (ze blijven staan), wat de spanning verhoogt. In de dubbele wisseling van een vraag van Jezus (v. 17) en een meer aanduidende, een berisping uitsprekende tegenvraag van een van de jongemannen (Kleopas; v. 18), opnieuw een tegenvraag van Jezus, en de eerste korte informatie (v. 19), wordt eindelijk duidelijk: het gaat om Jezus zelf, die als 'profeet, machtig in werk en woord voor God en het hele volk' wordt getekend.

V. 19 is helemaal van Lucas. Hij is de enige in het Nieuwe Testament die het hier gebruikte Griekse woord voor 'voor' ('enantion') hanteert (Luc. 1:6; 20:26; Hand. 7:10;

8:32 [= Jes. 53:7]). Het volk spreekt over Jezus dikwijls als over een 'profeet' (Luc. 7:16; 9:8, 19 en indirect Luc. 7:39). Toch kan men zich afvragen, waarom hier ook de beide *jongemannen* Jezus een profeet noemen. Dat gebeurt anders bij Lucas niet. Het antwoord ligt in het niet-herkennen door de jongemannen: ze herkennen Jezus niet en kunnen daardoor tegelijkertijd ook diens rol als Messias en Zoon van God niet begrijpen. Met de (echte) herkenning van Jezus gaat later ook de (echte) herkenning van de rol van Jezus gepaard (v. 26). V. 19 roept dus een spanning op (evenals tevoren v. 18), die eerst nog moet worden opgeheven.

V. 20 beschrijft op de wijze van Lucas de dood van Jezus: *de Joden* hebben Jezus gekruisigd (vgl. Hand. 7:51-53 en de ontlastende verklaring ten aanzien van Pilatus in de lijdensgeschiedenis volgens Lucas, die zijn handen wast in onschuld).

V. 21 leidt terug tot de oorspronkelijke, maar teleurgestelde verwachting van de jongemannen, dat Jezus Israël door zijn macht zou verlossen (vgl. Luc. 1:68; 2:38; Hand. 1:6). Daarmee gaan ze nog steeds uit van de rol van Jezus als *joodse Messias*. Ze hebben nog geen idee van het christelijk beeld van de Messias die door eigen lijden en zwakheid elk mens (niet een volk!) verlost. Toch is ten tijde van Lucas door het ontstaan van een kerk uit de heidenen (de verdienste vanPaulus!) deze louter joodse verwachting al lang achterhaald (vgl. het slot van de Handelingen der apostelen).

Met 'derde dag' (vgl. p. 73v) verwijst Lucas terug naar de tijdsorde van de Paasverhalen en vat in *v.* 22-24 hetgeen tot nu toe bekend is samen:

V. 22 sluit aan bij de hiervoor vertelde gang van de vrouwen naar het graf.

V. 23 herhaalt hun zien van de engelen en de boodschap aan hen, dat Jezus leeft.

V. 24 grijpt terug naar v. 12, waarbij het woord 'sommigen' het bezoek van Petrus-alleen aan het graf generaliseert.

V. 25 tekent het geloof zoals de jongemannen dat tot nu toe hadden, als ontoereikend en leidt de nieuwe (echte) herkenning van de rol van Jezus in — eerst door een berisping van de kant van Jezus (die lijkt op de berisping van de vrouwen in Luc. 24:5-8).

V. 26 tekent het lijden van Christus als noodzakelijk en naar de Schriften (v. 25; vgl. v. 25). Dat komt helemaal overeen met de tekening van de heilsgeschiedenis, zoals die kenmerkend is voor Lucas (vgl. Luc. 24:6b, 44), waarvan het verloop namelijk in al haar momenten wordt gezien als een zich noodzakelijk voltrekkend gebeuren.[37] Lucas onderstreept daarbij in het bijzonder het paradoxale gegeven dat lijden en dood van Jezus niet diens mislukken maar juist zijn overwinning betekenen; de tot heerlijkheid voorbestemde Christus *moest* lijden. Maar deze gedachtengang was voor Joden ondenkbaar.

V. 27 spreekt de algemene, bij Lucas gebruikelijke, overtuiging uit, dat in de boeken van Mozes en in de profeten sprake is van Christus (vgl. Hand. 8:35), maar hij motiveert dat met geen enkel citaat.

C. De maaltijd (v. 28-31)

V. 28: Het doel van de reis is bijna bereikt. Het voornemen van Jezus om verder te reizen, verhoogt de spanning. — De Heer wil gevráágd worden; zijn blijven is (dan) echter ook gewis. In deze situatie, nu het geheel z'n hoogtepunt nadert, dat namelijk de beide jongemannen Jezus herkennen, mag deze niet verder reizen en verdwijnen!

V. 29: De beide jongemannen vragen Jezus dringend om te blijven (vgl. Hand. 3:20). 'Wat in hun mond formeel als uitnodiging is bedoeld, wordt onvoorzien — zo moet de lezer oordelen — tot een gebed tot de Kyrios Jezus: 'Blijf bij ons,want het wordt avond, en de dag is bijna voorbij.' Deze fijne ironie is theologisch volkomen adequaat; het gedrag van de opgestane Jezus is daarmee in overeenstemming. De wandelaar willigt het verzoek van de jongemannen in en gaat men hen het huis binnen, 'om bij hen te blijven', zoals er niet zonder een diepere achtergrond staat.'[38]

V. 30: Jezus breekt bij de gemeenschappelijke maaltijd het brood, zegent het en deelt het aan hen uit. De vele letterlijke overeenkomsten van v. 30 met de avondmaalswoorden in Luc. 22:19 bewijzen dat Lucas hier aan het Avondmaal denkt.

V. 31: Hun ogen werden geopend, en ze herkennen hem — als persoon en als 'christelijke Messias'. Daarmee is hun 'blindheid' van v. 16 opgeheven. Lucas wil daarmee tot uitdrukking brengen dat de gemeenschap van Jezus wordt ervaren in het Avondmaal. Het is duidelijk, zo is alles gezegd: Jezus kan nu verdwijnen — hij zal er niettemin altijd zijn. Deze nadrukkelijke vaststelling van het verdwijnen van de verschijnende is typisch voor Lucas: Luc. 1:38; 2:15; 9:33; Hand. 10:7; 12:10.

D. Terugkeer van Emmaüs naar Jeruzalem (v. 32-35)

V. 32: In de terugblik erkennen de jongemannen dat hun hart al in hen 'brandde', toen Jezus hun onderweg de oude voorzeggingen van de profeten uitlegde. Daar al werd in hen onbewust het verlangen naar Jezus als de ware Christus gewekt.

V. 33: Nu kunnen de beide jongemannen uit Emmaüs terugkeren naar de anderen in Jeruzalem (precies zoals de vrouwen in v. 9 hebben gedaan).

V. 34: Voordat de beiden hun zoëven verworven kennis kunnen meedelen, vertellen de elf discipelen hen van een verschijning van Jezus aan Petrus. Daarmee wordt hun de pointe ontnomen. Lucas verschaft hier — zoals ook op andere plaatsen (Hand. 8:14vv; 11:1, 22) — ruimte aan een Jeruzalems perspectief. Voor hem is Jeruzalem het centrum, en alles wat gebeurt, moet van hier uitgaan. Zo corrigeert hij zijn overlevering op dit punt en stelt vast dat de eerste verschijning die aan Petrus (in Jeruzalem) was.[39] Later zal Lucas in de Handelingen der apostelen immers ook Petrus als leider van de oergemeente tekenen (vgl. Hand. 2:14-40; 3:12-26) en de kerk van Jeruzalem als oergemeente beschrijven, waarvan de gemeente, zoals die in de visie van Lucas wordt beschreven, is afgeleid.

Lucas wil daarmee zeggen: De ervaring van de tegenwoordigheid van Jezus, die de beide Emmaüsgangers en alle leden van de door Lucas beschreven gemeente bij het Avondmaal krijgen, wordt door de oerchristelijke belijdenis bevestigd; Jezus is werkelijk opgestaan en aan Simon verschenen. Met andere woorden: op deze oerchristelijke geloofsbelijdenis zijn alle andere Paaservaringen gebaseerd.

V. 35 vat de visie en versie van Lucas nog eens samen: De beide jongemannen vertellen wat hun onderweg is overkomen (daarin is inbegrepen, dat en hoe de voorzeggingen werden verklaard) en dat ze Jezus bij het breken van het brood herkenden.

Het bovenstaande heeft aangetoond dat het Emmaüsverhaal een gesloten eenheid vormt, die in alle details is doortrokken van het theologische concept van Lucas. Hoewel zeker is dat Lucas heeft gewerkt met materiaal dat al aanwezig was, stuit de reconstructie van de door hem gebruikte traditie op grote moeilijkheden.

Bij wijze van proef zou men alle verwijzingen naar het eigenlijke Emmaüsverhaal kunnen elimineren, om na te gaan of zo de grondtrekken van een traditie kunnen worden ontwaard. Er zou dan een verhaal overblijven dat Hermann Gunkel al in 1903 als volgt beschreef: 'Christus verscheen hier onbekend, als wandelaar — zoals de godheid het vanouds gaarne had, in eenvoudige menselijke gestalte, om zo te zeggen verkleed als wandelaar, om onder de mensen te wandelen — en openbaart zijn geheimzinnige goddelijke wezen aan enkele getuigen; maar zodra hij herkend wordt, is hij verdwenen. Deze korte samenvatting is geheel analoog aan *de oudste verhalen van het verschijnen van de godheid*; het verhaal zou op grond van zijn stijl in Genesis kunnen staan.'[40]

Veronderstelt men een dergelijke legende als oudste laag, dan zou men in v. 28-31 de avondmaalstraditie kunnen onderscheiden, die in een tweede versie kan zijn toegevoegd.

Aan het eind van de analyse van het Emmaüsverhaal moet er op worden gewezen dat een zuiver historisch onderzoek slechts magere resultaten oplevert. Zo kunnen we uit het eigenlijke Emmaüsverhaal bijna niets over het historisch bijzondere opmaken, maar wel over het algemene karakter van het christelijk geloof.

Toch kunnen in alle behoedzaamheid enkele spaarzame conclusies worden getrokken: V. 34 legt de nadruk op de eerste verschijning aan Simon (= Petrus, = Kefas), die door Paulus in 1 Kor. 15 wordt beschreven als de eerste verschijning van de Opgestane. Ze moet kort na de dood van Jezus hebben plaatsgevonden (omstreeks het jaar 30). We komen er later (zie p. 116vv) op terug.

Enkele details uit het verhaal zijn ongetwijfeld oud: zo staat achter de naam Kleopas (v. 18) wellicht de neef van Jezus, Klopas[41]*, wiens zoon Symeon in het jaar 62 opvolger van Jacobus werd als leider van de oergemeente*[42]. Dan zouden we in dit verhaal de herinnering aantreffen aan een verschijning van Jezus aan een van zijn verwanten, die zou teruggaan tot de oudste tijd. De tweede wandelaar wordt namelijk niet bij name genoemd.

Ook de plaats Emmaüs kan op een historische herinnering teruggaan. Waar het plaatsje evenwel gelegen heeft, is volstrekt onduidelijk.

De verschijning van Jezus aan de (elf) discipelen (Luc. 24:36-53)

Deze perikoop bestaat uit drie delen:

V. 36-43: herkenningsscène (= *vertelling*),
V. 44-49: onderricht aan de discipelen (= *rede van Jezus*),
V. 50-53: afscheid (= *vertelling*).

36: En terwijl ze hierover spraken, stond Jezus zelf in hun midden en hij zei tot hen: Vrede zij u!
37: Maar ze schrokken hevig en waren bang en dachten dat ze een geest zagen.

38: En hij sprak tot hen: Waarom zijn jullie zo geschrok-
ken, en waarom komen dergelijke gedachten in jullie
hart?
39: Zie mijn handen en mijn voeten, ik ben het zelf.
Betast me en zie, dat een geest geen vlees en botten
heeft, zoals jullie zien, dat ik heb.
40: En toen hij dat gezegd had, toonde hij hun zijn han-
den en voeten.
41: Maar toen ze het van blijdschap nog niet geloofden
en verbaasd waren, zei hij tot hen: Hebben jullie hier iets
te eten?
42: En ze reikten hem een stuk gebakken vis.
43: En hij nam het en at het voor hun ogen.

44: Maar hij sprak tot hen: Dit zijn mijn woorden, die ik
tot jullie sprak, toen ik nog bij jullie was: Alles moet ver-
vuld worden, wat over mij geschreven staat in de wet
van Mozes, in de profeten en in de psalmen.
45: Toen opende hij hun verstand zodat ze de Schriften
begrepen,
46: en sprak tot hen: Zo staat het geschreven dat de
Christus moest lijden en opstaan uit de doden op de der-
de dag;
47: en dat in zijn naam moest gepredikt worden bekering
tot vergeving van de zonden onder alle volken, te begin-
nen bij Jeruzalem,
48: en weest getuigen van deze dingen.
49: En zie, ik zal jullie zenden wat mijn Vader heeft be-
loofd. Maar jullie moeten in de stad blijven, totdat jullie
toegerust zijn met kracht van boven.
50: Hij leidde hen naar buiten tot bij Bethanië en hief de
handen en zegende hen.
51: En het geschiedde terwijl hij hen zegende, dat hij van
hen scheidde en opvoer ten hemel.
52: Maar zij aanbaden hem en keerden terug naar
Jeruzalem met grote blijdschap

53: en ze waren voortdurend in de tempel en prezen God.

A. Herkenningsscène (Luc. 24:36-43)

V. 36: 'Terwijl ze hierover spraken' is de manier waarop Lucas een scène met de voorgaande verbindt; evenzo is 'hij stond... in hun midden' typisch de taal van Lucas.

V. 37-38: 'Ze schrokken hevig en waren bang', 'zien' en'geest' (zakelijk gelijk aan Hand. 12:8v) gaan op Lucas terug, evenals 'in jullie hart'.

V. 39 biedt met de uitdaging van Jezus aan de discipelen om zijn handen en voeten te bekijken, om zijn identiteit te herkennen, een *eerste* demonstratie (of de discipelen het gedaan hebben, wordt niet vermeld, maar wel verondersteld); de uitdaging om hem te betasten en hem te bekijken, is de *tweede* demonstratie van de opstanding van Jezus. Daarmee wordt de vrees van v. 37 weerlegd, dat het een geest zou zijn: de opgestane Jezus bestaat uit vlees en bloed. Kennelijk richt Lucas zich met dit vers op soortgelijke wijze tegen hetgeen werd ingebracht tegen de lichamelijke opstanding, als in het begin van de tweede eeuw Ignatius in zijn Brief aan de Smyrneeërs, III, 2:

> 'Maar ik weet en geloof, dat hij (nl. Jezus) ook na de opstanding in het vlees was. En toen hij bij hen kwam die met Petrus waren, zei hij tot hen: 'Raak mij aan, betast mij en zie dat ik geen lichaamsloze demon ben!' En zonder aarzelen raakten ze hem aan en ze geloofden, daar ze zowel met zijn lichaam als met zijn geest verbonden waren.'

V. 40 varieert en versterkt v. 39. Het vers is in z'n geheel van Lucas.

V. 41-43: De inleiding 'maar toen ze' in v. 41 komt overeen met die van v. 36 en komt van Lucas. De discipelen zijn door Jezus bijna overtuigd geraakt. De nu volgende *derde* demonstratie moet elke twijfel buitensluiten: het eten van een gebraden vis (v. 42) bewijst dat er noch van een geest noch van een engel sprake kan zijn. Engelen eten niet (vgl. Tob. 12:19), menselijke wezens wél. De bewijskracht van deze laatste demonstratie beschouwt de verteller als zo vanzelfsprekend, dat het overtuigd zijn van de discipelen niet nog eens apart hoeft te worden vermeld. Dat de opgestane Jezus samen met zijn discipelen at, wordt later ook in Hand. 1:4; 10:41 beschreven. Lucas wil door de nadruk te leggen op de lichamelijke werkelijkheid van de opgestane Jezus blijkbaar de zekerheid bij zijn lezers versterken.

Dat de scène niet in z'n geheel van Lucas afkomstig kan zijn, maar een traditie volgt, tonen *ten eerste* de spanningen ten opzichte van het voorafgaande Emmaüsverhaal aan: de discipelen zijn bang, ondanks de ontmoetingen van Jezus die al plaats hebben gevonden met de Emmaüsgangers en met Petrus. Hier zou Lucas zeker naar een betere overgang hebben gestreefd. *Ten tweede* bevestigt dit de parallelle overlevering bij Ignatius in zijn Brief aan de Smyrneeërs, III,2 (zie hierboven de verklaring bij v. 39).[43] Beide teksten kunnen onafhankelijk van elkaar zijn ontstaan. Want de bij Ignatius centrale zin: 'Ik ben geen lichaamsloze demon' moet afkomstig zijn uit een al voorhanden zijnde tekst die hij gebruikte. Bij Lucas is hij in ieder geval niet!

Tegelijkertijd is daarmee waarschijnlijk geworden dat Lucas voor de conceptie van Luc. 24:36-43 daadwerkelijk kon terugvallen op een al voorhanden zijnde traditie. Deze bestond uit een verschijningsverhaal, waarin de opgestane Jezus aan zijn bang geworden discipelen in lichamelijke gestalte verscheen. Het centrale thema is de reëel-lichamelijke gestalte van Jezus na de opstanding. Aanleiding tot het tot stand komen van deze traditie was wel een discussie in een gemeente over de soort lichamelijkheid van de Opgestane, zoals we die aantreffen in de Johanneïsche gemeenten (vgl. Joh. 20; 1 Joh.) en in beginsel ook al in de paulinische gemeente van Korinthe (1 Kor. 15). Het gaat daarbij om een latere versie —wellicht van de tweede generatie, die met de eigenlijke getuigen van de opstanding van Jezus geen relatie meer had en probeerde om zelf dit raadsel op te lossen. Resultaat daarvan is een weldoordachte compositie, die in een opklimmende reeks van drie scènes de lichamelijkheid van de Opgestane voor de discipelen bewijst.

Het zal op deze gronden duidelijk zijn geworden dat een relatie tot de eigenlijke getuigen van de 'opstanding' van Jezus niet bestaat. Historisch gezien levert de besproken tekst absoluut niets op. Dat geldt ook voor de hele perikoop Luc. 24:36-53, vooral omdat tegelijk duidelijk wordt dat de volgende verzen door en door bepaald zijn door de optiek en theologie van Lucas.

B. Onderricht aan de discipelen (Luc. 24:44-49)

De hele perikoop is een compositie van Lucas, die hier, aan het eind van zijn evangelie, nog eens resumerend het opstandingsgebeuren samenvat en een perspectief op de toekomst, dus zijn eigen tijd, geeft:

V. 44: Jezus verwijst retrospectief naar zijn toespraken tot de discipelen. De hoofdzaak daarvan wordt door het tweede deel van het vers nader verklaard: evenals toen hij nog leefde wijst Jezus er ook nu op, dat de oude voorzeggingen van de profeten vervuld moesten worden.

V. 45: Jezus verschaft de discipelen inzicht in de betekenis van de oudtestamentische Schriften, zoals dat ook al in het Emmaüsverhaal (vgl. vooral v. 27) gebeurde. Daartoe voert hij in het volgende vers een zogenaamd 'Schriftbewijs' aan.

V. 46 beantwoordt aan Luc. 9:22, de voorzegging van Jezus, dat hij moest lijden en op de derde dag zou opstaan.

V. 47 richt de blik op de toekomst en op de opdracht aan de discipelen. Een onderdeel van het Schriftbewijs is, dat in de naam van Jezus 'bekering tot vergeving van de zonden onder alle volken', te beginnen bij Jeruzalem, moet worden gepredikt (vgl. Hand. 2:32v, 38; 3:15v, 19; 5:28-32; 10:39, 43).

V. 48 maakt geen deel meer uit van het Schriftbewijs. Hier spreekt Jezus de discipelen als getuigen rechtstreeks toe over 'deze dingen', d.w.z. als ooggetuigen van lijden en opstanding (vgl. Hand. 1:22).

V. 49 komt overeen met Hand. 1:4. De voorzegde zending van de Geest wordt later, in Hand. 2, vervuld.

C. Afscheid (Luc. 24:50-53)

Het afsluitende relaas van de hemelvaart gaat eveneens helemaal terug op Lucas. De perikoop heeft een parallel in Hand. 1:9-11, waar de hemelvaart op de Olijfberg (v. 12) plaatsvindt, in tegenstelling tot deze tekst die spreekt van Bethanië (v. 50). Toch is het niet per definitie noodzakelijk dat aan beide scènes met elkaar concurrerende tradities ten grondslag liggen. Lucas weet uit Marc. 11:1, dat 'Olijfberg' en 'Bethanië' geografisch niet ver van elkaar liggen, resp. als plaatsaanduiding identiek zijn. Het kan hier dus een variant van één en dezelfde plek betreffen.

V. 51: Voor het verdwijnen van Jezus, vgl. de opmerkingen bij Luc. 24:31 (zie p. 62). Het afsluitende 'en voer op ten hemel' staat op gespannen voet met het verhaal in Handelingen, waar in 1:4vv eveneens over een hemelvaart van Jezus wordt gesproken. Enkele handschriften zullen daarom deze vermelding hebben weggelaten, om zo Hand. 1:9 en Luc. 24:51 te harmoniseren. Overweegt men evenwel dat Handelingen waarschijnlijk pas circa tien jaar na het evangelie van Lucas werd geschreven (zie p. 17), dan is heel goed denkbaar dat Lucas bij het schrijven van dit v. 51 nog niet wist dat hij later met Hand. 1:4-9 een veel langer relaas zou kunnen hanteren. En dat hij dit op die plek niet gewoon wilde weglaten zonder er iets voor in de plaats te zetten, is ook begrijpelijk.

V. 52: 'Terugkeren' is wat taal betreft typisch voor Lucas;'grote blijdschap' herhaalt het motief uit v. 41.

V. 53: De aanwezigheid van de gemeente in de tempel is helemaal in overeenstemming met de theologie van Lucas:

Reeds de twaalfjarige Jezus houdt zich op in de tempel (Luc. 2:46), evenzo de vroege gemeente (Hand. 2:46; 3:1; 5:42), die zich aanvankelijk nog beschouwde als een joodse groepering onder de vele.

Dit vers is een kleine samenvatting en heeft pendanten in de beide geschriften van Lucas (Luc. 1:65v, 80; 2:20, 40,51v; Hand. 1:14 enz.). Deze laatste zin kan zonder meer aan Lucas worden toegeschreven, alleen al omdat hier de bedoeling van de auteur alleszins te verwachten valt en men al kon vermoeden dat hij zichzelf het slotwoord zou voorbehouden.

Afgezien van het feit dat de vroege Jeruzalemse oergemeente zich inderdaad nog vele jaren lang beschouwde als een deel van de joodse tempelgemeenschap, kunnen uit deze perikoop geen historische conclusies worden getrokken.

Het Paasgebeuren volgens Mattheus

Bij het weergeven van de Paasgeschiedenissen gebruikt Mattheus in het algemeen gesproken de tekst van Marcus en vult die aan met twee verschijningen van de Opgestane (28:9v: die aan de vrouwen bij het graf; 28:16-20: die aan de elf discipelen in Galilea), omdat het slot van het evangelie van Marcus (16:8) voor hem onbevredigend was, zoals dat ook bij Lucas het geval was. Bovendien voegt hij er een episode van de wachters bij het graf aan toe, die het kader vormt voor het aan Marcus ontleende verhaal van de gang van de vrouwen naar het lege graf, en hij schildert de opening van het graf (v. 2-4).

Het omkopen van de wachters bij het graf (Matt. 27:62-66;28:11-15)

> 62: De volgende dag, de dag waarop de rustdag volgt, kwamen de overpriesters met de Farizeeën tot Pilatus,

63: en spraken: Heer, wij hebben ons herinnerd, dat deze verleider, toen hij nog leefde, heeft gezegd: Ik zal na drie dagen opstaan.
64: Geef daarom bevel, dat het graf wordt bewaakt tot de derde dag, opdat zijn discipelen niet komen en hem stelen en tot het volk zeggen: Hij is opgewekt uit de doden, en de laatste dwaling erger zou zijn dan de eerste.
65: Pilatus zei tot hen: Hier heeft u een wacht, ga heen en bewaak het zoals u nodig acht.
66: Ze gingen heen en beveiligden het graf met de wacht en verzegelden de steen.

...

11: Maar toen zij [de vrouwen] heengingen, zie, daar kwamen sommigen van de wacht in de stad en meldden de overpriesters alles wat er gebeurd was.
12: En zij kwamen met de oudsten bijeen, beraadslaagden en gaven de soldaten veel geld
13: en zeiden: Zeg dat zijn discipelen 's nachts gekomen zijn en hem hebben gestolen, terwijl wij sliepen.
14: En als het de stadhouder ter ore komt, zullen wij hem bepraten en ervoor zorgen dat jullie geen gevaar lopen.
15: Ze namen het geld aan en deden, zoals hun was gezegd. En zo is dit gerucht onder de Joden verbreid tot op de huidige dag.

V. 62: Het vers leidt het verhaal in met een woordkeus die typisch is voor Mattheus (bijvoorbeeld 'bijeenkomen': 26:3, 57; 27:17, 27; 28:12). De tijdsaanduiding 'de volgende morgen' sluit aan bij ''s avonds' uit v. 57. De 'Farizeeën' zijn ten tijde van Mattheus (ca. 85) prototype van de tegenstanders van Jezus. Want na de 'Joodse Oorlog' (66-70) waren de twisten tussen Christenen en officiële vertegenwoordigers van het Jodendom scherper geworden. — Merkwaardigerwijs vindt de zitting bij Pilatus plaats op sabbat (= zaterdag), wat niet zozeer stoelt op historische gronden, maar op de uit het verhaal voortvloeiende noodzaak. De dood van Jezus op vrijdag en de opstanding resp. de ontdekking van het lege graf op de derde dag — dus twee dagen na de dood en derhalve op de dag na de sabbat — waren immers al in de traditie van Marcus gegeven (vgl. Marc. 16:1).

De overpriesters en Farizeeën 'herinneren' in v. 63 in hun spreken tot Pilatus nadrukkelijk aan een woord van Jezus, dat hij na drie dagen zal worden opgewekt. Daarmee wordt blijkbaar niet verwezen naar de lijdensvoorzeggingen, wanneer Mattheus (16:21; 17:23; 20:19) de door hem gebruikte tekst van Marcus (8:31; 9:31; 10:34), die luidt '*na* drie dagen' verandert in '*op* de derde dag' (vgl. 1 Kor. 15:4); er wordt daarentegen verwezen naar Matt. 12:40: 'Want zoals Jona drie dagen en drie nachten in de buik van de vis was, zo zal de Mensenzoon drie dagen en drie nachten in de schoot van de aarde zijn.' Daarbij past dat daar (Matt. 12:38-45) evenals hier in Matt. 27:62-66 Farizeeën aanwezig zijn. De van het bij Mattheus normale woordgebruik afwijkende formulering 'na drie dagen' wil hier blijkbaar herinneren aan die tekst.

Een belangrijker bezwaar tegen de derde dag als tijdstip van de opwekking van Jezus zou de Galilea-traditie kunnen zijn, als die tenminste oorspronkelijk is (zie p. 101vv en vooral p. 101vv). Want wanneer de opwekking op de derde dag in Jeruzalem heeft plaatsgevonden, kan de eerste verschijning van de Opgestane niet op dezelfde dag in Galilea zijn gebeurd (zie. p. 117vv). De weg van Jeruzalem naar Galilea, die de discipelen hadden moeten afleggen, zou te lang geweest zijn. Een mogelijkheid om deze conclusie te omzeilen, zou de veronderstelling kunnen zijn dat de verschijningen *tegelijkertijd* in Galilea en Jeruzalem zouden hebben plaatsgevonden, waaronder de (eerste) verschijning aan Maria Magdalena in Jeruzalem op de derde dag.

Een nog andere opvatting volgt uit de volgende waarneming: Als men 1 Kor. 15:4 ('dat hij opgestaan is op de derde dag naar de Schriften') letterlijk neemt, dan vond op de derde dag slechts de opwekking van Jezus plaats, maar niet zijn verschijning aan Kefas, die ongedateerd blijft (anders dan in Luc. 24:21). Dit gegeven leidt ertoe de oorsprong van de derde dag als datum niet te zoeken in historisch gegronde herinneringen, maar in wat de bestudering van het Oude Testament door de schriftgeleerden had opgeleverd:

Als bewijsplaats voor de toevoeging 'naar de Schriften' (1 Kor. 15:4) komt vooral Hos. 6:2 in aanmerking. De tekst luidt in de vertaling van de Septuagint, de Griekstalige uitgave van het Oude Testament, als volgt: Jahweh 'zal ons gezond maken na twee dagen, op de derde dag zullen we opstaan en voor Hem leven'. In het Jodendom werd deze tekst van Hosea blijkbaar gebruikt om de datum van de opwekking uit de doden aan het einde van de wereld te kunnen vaststellen. Dan zou de opstanding van Jezus kunnen worden opgevat als de vervulling van een oudtestamentische profetie.

Tegen de ontlening van de derde dag aan Hos. 6:2 zou kunnen worden ingebracht dat deze tekst in het Nieuwe Testament nergens wordt geciteerd en dat hij in de uitlegging van de Schriften door de rabbijnen pas relatief laat voorkomt. Toch kan men uit het feit dat iets pas later *opgeschreven* werd, niet concluderen dat het later *ontstaan* is. Veeleer is 1 Kor. 15:4 een mogelijk bewijs voor een joodse opvatting van Hos. 6:2, met betrekking tot de eindtijd.

V. 64 heeft het spraakgebruik dat typisch voor Mattheus is: 'bevel' correspondeert met 'beval' (27:58); 'dwaling' (Gr. 'planè') verwijst naar 'verleider' (Gr. 'planos') in v. 63. V. 64c ('en de laatste dwaling zal erger zijn dan de eerste') komt overeen met Matt. 12:45c; 'en het zal met die mens in het einde erger zijn dan in het begin', d.w.z. laat men de discipelen met hun prediking van de opstanding hun gang gaan, dan wordt de zaak nog beroerder dan ze al was met Jezus.

V. 65-66 verhalen hoe Pilatus het verzoek van de joodse autoriteiten inwilligt.

Dan volgt Matt. 28:1-10, het relaas van het lege graf en de verschijning van Jezus aan twee vrouwelijke discipelen (vgl. p. 75vv). Aansluitend vervolgt Mattheus zijn verslag over de omkoping van de wachten bij het graf.

V. 28:11: Door 'toen zij [de vrouwen] echter onderweg waren' worden v. 10 en v. 11 zodanig met elkaar verbonden, dat wordt gesuggereerd dat het gebeuren in v. 11-15 zich in dezelfde tijd heeft afgespeeld. Toch is deze verbinding van Mattheus, want 'onderweg zijn' is een lievelingswoord van Mattheus en heeft hier een gekunsteld effect.

De (Romeinse!) wachten bij het graf rapporteren zelf aan de joodse autoriteiten, d.w.z. ze rapporteren in feite over de opstanding van Jezus. Zij weten er dus van, evenals het hun duidelijk was dat Jezus volgens zijn eigen getuigenis na drie dagen zou opstaan (27:63).

V. 12: De omkoping van de wachten bij het graf herinnert aande omkoping van Judas (26:15).

V. 13 verwijst naar v. 27:64. Tegen beter weten in moeten de soldaten het gerucht verspreiden, dat de discipelen het lichaam hebben gestolen, terwijl ze zelf sliepen. Dit was immers precies waarvoor de joodse autoriteiten voordien bang waren geweest. Nu Jezus werkelijk is opgestaan, moeten de soldaten het gerucht van de 'diefstal' in omloop brengen en rondbazuinen.

V. 14 levert de noodzakelijke aanvulling voor het handelen van de soldaten: als de stadhouder zou vernemen dat de soldaten in strijd met hun plicht hebben geslapen, dan zullen de joodse autoriteiten voor hen bij Pilatus in de bres springen.

V. 15 sluit het verhaal af. De Romeinse soldaten doen wat de joodse autoriteiten van hen verlangen. In het tweede versdeel volgt een actueel perspectief op het heden ten tijde van Mattheus: 'En zo is dit gerucht verbreid onder de Joden tot op de huidige dag.'

Het verhaal van de diefstal van het lijk van Jezus door de discipelen was bij de Joden ten tijde van Mattheus kennelijk algemeen verbreid. Weliswaar kan het niet precies in deze vorm doorverteld zijn, want hier erkennen de Joden immers formeel de opstanding van Jezus! Dit wijst — evenals de sterk negatieve tekening van de Joden — op een zuiver christelijke stilering van het verhaal.[44]

Daarom is het ontstaan van het verhaal als volgt denkbaar: De Joden beweerden dat het lichaam van Jezus door de discipelen was gestolen. De Christenen reageerden *daarop* met een verhaal over de omkoping van de wachters bij het graf, zoals dat bij Mattheus te lezen valt — als al niet het hele verhaal van hem afkomstig is. Op grond van deze overwegingen kunnen historisch gezien de volgende conclusies worden getrokken:

a) Historisch gezien kan over het 'tijdstip van de opstanding' niets met zekerheid worden gezegd. De tijdsaanduiding 'op de derde dag' werd gekozen om een oudtestamentische profetie (Hos. 6:2) in vervulling te doen gaan.

b) Het gerucht van de diefstal van het lichaam van Jezus is zeker historisch, de diefstal zelf evenwel niet. Want de discipelen, zowel mannelijk als vrouwelijk, wisten helemaal niet waar Jezus 'begraven' was, en zouden voorts wegens hun buitengewoon grote gevoel van teleurstelling niet meer tot een dergelijk bedrog in staat zijn geweest.

c) De overlevering van de omkoping van de wachters bij het graf kan historisch gezien niet serieus genomen worden, omdat ze duidelijk partijdige trekken van Mattheus, resp. de traditie achter Mattheus vertoont. Met de erkenning dat ze bij het graf hebben geslapen, zouden ze bovendien hun leven op het spel hebben gezet.

Het lege graf en de verschijning aan de vrouwen (Matt. 28:1-10)

1: Maar toen de sabbat voorbij was en de eerste dag van de week was aangebroken, kwamen Maria van Magdala en de andere Maria om het graf te bezien.

2: En zie, er kwam een zware aardbeving. Want een engel van de Heer daalde uit de hemel neer, kwam naderbij, rolde de steen weg en ging erop zitten.
3: Zijn uiterlijk was als dat van de bliksem en zijn gewaad wit als sneeuw.
4: De wachters schrokken hevig van hem en werden als doden.
5: Maar de engel zei tot de vrouwen: Wees niet bang! Ik weet, dat jullie Jezus, de gekruisigde, zoeken.
6: Hij is niet hier; hij is opgestaan, zoals hij gezegd heeft. Kom hier en bezie de plek, waar hij gelegen heeft;
7: en ga haastig op weg en zeg tegen de discipelen, dat hij is opgestaan uit de doden. En zie, hij zal jullie voorgaan naar Galilea; daar zullen jullie hem zien. Zie, ik heb het jullie gezegd.
8: En ze gingen haastig weg van het graf, vol angst en met grote vreugde, en liepen snel om het aan zijn discipelen te berichten.
9: En zie, toen kwam Jezus hun tegemoet en zei: Wees gegroet! En ze liepen op hem af, grepen hem bij de voeten vast en aanbaden hem.
10: Toen zei Jezus tot hen: Wees niet bang! Ga heen en meld aan mijn broeders, dat ze naar Galilea moeten gaan: daar zullen ze me zien.

V. 1 dient in z'n geheel te worden verklaard vanuit de veronderstelling dat hij berust op materiaal van Marcus. Wanneer bij Mattheus slechts twee vrouwen naar het graf gaan (die identiek zijn met die van Matt. 27:61), terwijl het er bij Marcus nog drie waren, dan zal Mattheus hier de spanning in de lijst van namen tussen Marc. 15:47 en 16:1 hebben ervaren (zie p. 44) en die adequaat hebben geëlimineerd.

Het opmerkelijke — want onnodige — voornemen van de vrouwen in het relaas van Marcus om het lijk in het graf te zalven, en wel pas nu, na drie dagen, vervalt bij Mattheus.

V. 2-4: Tussen v. 2-4 en v. 5-8, waaraan opnieuw de tekst

van Marcus ten grondslag ligt, bestaat een spanning: v. 2-4 beschrijft de *opening van het graf* door een engel, waarbij de wachters, als ze dit zien, in zwijm vallen; in v. 5-8 wordt de opstandings *boodschap* door dezelfde engel tot de vrouwen gesproken. De geweldige gebeurtenissen van v. 2-4 staan in geen verhouding tot het overbrengen van de boodschap in v. 5-8. Vermoed kan worden dat in de verzen 2-4 een traditie is gebruikt die pas door Mattheus zelf deze plaats kreeg toebedeeld. Doordat Mattheus hier v. 2-4 invoegt, worden de vrouwen indirect tot getuigen van het opstandingsgebeuren gemaakt.

De beschreven opening van het graf door een engel heeft een parallel in het evangelie van Petrus (zie noot 17), waarvan in 1886 een tamelijk lang fragment in het graf van een christelijke monnik in Boven-Egypte werd gevonden.

Het fragment (het geheel is in de ik-vorm geschreven, Petrus is degene die vertelt) begint met een scène voor Pilatus. Daarop volgt het verzoek van Jozef van Arimathea om het lijk van Jezus, in het evangelie van Petrus alleen 'de Heer' genoemd (2:3-5), waarna achtereenvolgens worden beschreven: de bespotting (3:6-9), de kruisiging (4:10), het opschrift op het kruis (4:11), de verloting van de kleding (4:12), de voorspraak van de naast Jezus gekruisigde misdadiger voor de Heer (4:13v), de duisternis (5:15), de drenking met gal en azijn (5:16), de laatste kreet en de opneming van de Heer (5:19), het scheuren van het voorhangsel in de tempel (5:20), de kruisafname (6:21), de aardbeving (6:21), het einde van de duisternis (6:22), de begrafenis (6:23v), het berouw van de Joden (7:25), het gedrag van Petrus en de discipelen (7:26v), het aanstellen van de wacht bij het graf (8:28-33), massaal bezoek van de inwoners van Jeruzalem aan het graf (9:34), de opstanding (9:35-10:42), het verslag aan Pilatus en de zwijgplicht van de soldaten (11:43-49), de vrouwen en het lege graf (12:50-13,57), de terugkeer van de discipelen naar hun eigen woonplaatsen (14:58v), het vissen door Petrus, Andreas en Levi (14:60). Hier breekt het fragment af. Op grond van de parallellen in de canonieke evangeliën kan men gevoeglijk aannemen, dat hierbij een verschijning van de 'Heer' aan het Meer van Tiberias aansloot (vgl. p. 101vv).

In het evangelie van Petrus wordt na de opening van het graf uitvoerig het naar buiten komen van het weer tot leven gekomen lichaam van Jezus geschilderd. De tekst luidt als volgt (9:35-11:43):

> *35*: 'Maar in de nacht waarin de dag des Heren aanbrak, toen de soldaten om beurten getweeën de wacht hielden, klonk er een groot geluid uit de hemel,
> *36*: en zij zagen de hemelen geopend en twee mannen in een grote lichtglans vandaar neerdalen en naar het graf toegaan.
> *37*: En de steen die voor de ingang was gelegd, begon vanzelf opzij te rollen en het graf werd geopend en de beide jongelingen gingen naar binnen.
> *38*: Toen de soldaten dat zagen, wekten ze de hoofdman en de oudsten — ook dezen waren namelijk bij de wacht aanwezig.
> *39*: En terwijl zij nog aan het vertellen waren wat ze hadden gezien, zagen ze drie mannen weer uit het graf komen. Twee van hen ondersteunden de derde, en een kruis volgde hen.
> *40*: En het hoofd van de twee reikte tot aan de hemel, maar dat van degene die zij bij de hand leidden stak boven de hemelen uit.
> ...
> *41*: Zij nu overlegden met elkaar of zij dit aan Pilatus zouden gaan melden.'[45]

Een soortgelijke overlevering treft men ook aan in de 'Hemelvaart van Jesaja' uit de tweede helft van de tweede eeuw (afgekort als AscIs). In een summiere beschrijving van het lot van Jezus (AscIs III:13-18) valt te lezen:

13: dat hij samen met de misdadigers moest worden gekruisigd en dat hij in een graf begraven werd
14: en dat de twaalf, die bij hem waren, aanstoot aan hem zouden nemen, en de bewaking door de wachters van het graf;
15: en het afdalen van de engelen van de kerk, die in de hemelen is, die hij zal roepen in de laatste dagen,
16: en dat de engelen van de Heilige Geest en Michaël, de overste van de heilige engelen, op de derde dag zijn graf zullen openen
17: en dat de Geliefde zittend op hun schouders naar buiten zal komen en zijn twaalf leerlingen zal uitzenden
18: en dat ze alle volken en alle tongen de opstanding van de Geliefde zullen onderwijzen en dat diegenen zullen worden gered, die in het kruis geloven, en in zijn opstijgen tot in de zevende hemel, vanwaar hij gekomen is.'[46]

Het bestaan van dergelijke beschrijvingen van de opstanding werpt de vraag op, of Mattheus deze of soortgelijke verhalen niet gekend heeft. Dat is nauwelijks aan te nemen. Veeleer heeft ook in de door hem gebruikte traditie de engel blijkbaar het graf geopend, zodat de weer tot leven gekomen Jezus naar buiten kon gaan. Mattheus heeft dit aspect evenwel teruggedrongen en afgezien van een beschrijving van de opstanding van Jezus (vgl. echter Matt. 27:51-53).

In beide beschrijvingen van de opstanding alsook in de in Matt. 28:2 veronderstelde traditie domineert de voorstelling, dat engelen op de derde dag het graf van Jezus openen en met de weer levende Jezus ten hemel varen. Er is veel voor te zeggen dat de overlevering in haar zuiverste vorm in de AscIs is bewaard gebleven en dat het evangelie van Petrus en van Mattheus nauwer bijeenhoren. Want alleen bij hen beiden speelt de wacht een zelfstandige rol; maar daarin ligt al een uitgewerktere versie ten opzichte van de simpele vermelding in AscIs. — In vergelijking met de graftraditie bij Marcus is dein AscIs voorhanden zijnde overlevering toch van jongere datum, want hier is de voorstelling van de opstanding al versmolten met de legende van het lege graf. — Dit vooronderstelt een theologische reflectie.

Met dit alles kunnen we concluderen: *Hoewel in het vroege christendom naast de verhalen over het graf en de verslagen van de verschijningen soms ook het gebeuren van de opstanding zelf wordt geschilderd, vormen deze verslagen van de opstanding toch geen bestanddeel van de oudste overlevering ofzelfs 'getuigenverslagen'; veeleer zijn het late stileringen, die de behoefte dienen te bevredigen naar het 'hoe' van de opstanding van Jezus. Ze zijn dan ook van geen enkele historische waarde.*

V. 5-8 volgt opnieuw met enige afwijkingen het voorhanden relaas van Marcus:

V. 5 is parallel met Marc. 16:6a.

V. 6 beantwoordt aan Marc. 16:6b, waarbij de uitspraak over de opstanding wordt herleid naar een voorzegging van Jezus. Deze ontbreekt bij Marcus, die pas wat later (Marc. 16:7) het toekomstige zien van Jezus door de leerlingen herleidt tot een voorzegging van Jezus.

V. 7 heeft een parallel in Marc. 16:7. Weliswaar moet de boodschap slechts aan alle discipelen tegelijk worden gemeld; Petrus wordt niet meer bij name genoemd, zoals dat nog wel bij Marcus het geval was.

Ook de inhoud van de boodschap van de engel is verschoven: luidde die bij Marcus nog, dat Jezus de discipelen zou voorgaan naar Galilea, bij Mattheus is hier de opstanding van Jezus zelf de boodschap.

V. 8 vertelt, anders dan bij Marcus (16:8: de vrouwen zwijgen uit vrees), dat de vrouwen in vrees (= overname uit de tekst van Marcus) en grote blijdschap de boodschap van de engel willen overbrengen — ze geloven onmiddellijk. Dat is ook niet verwonderlijk, want voordien (v. 2-4) zijn ze immers *indirect* tot getuigen van het opstandingsgebeuren gemaakt. Daarmee is de volgende episode (v. 9-10), waarin Jezus hun *direct* zal verschijnen, goed voorbereid.

V. 9-10 hebben geen parallellen bij Marcus. De verzen

schilderen een ontmoeting van Jezus met de beide in v. 1 genoemde vrouwen, die zijn voeten vastgrijpen (vgl. 2 Kon. 4:27) en hem aanbidden (vgl. later v. 17).[47] Jezus geeft hun het bevel om niet bang te zijn en aan zijn broeders (vgl. Matt. 18:15v en vooral 23:8: 'één is jullie meester; maar jullie zijn allen broeders') te melden dat ze naar Galilea moeten gaan, waar ze hem zullen zien.

Er lijkt veel voor te zeggen, dat deze verzen niet teruggaan op een traditie van vóór Mattheus. Want de opgestane Jezus zegt de vrouwen behalve de groet niets anders dan wat de engel bij het graf in v. 7 ook al gezegd heeft. Het is dus louter een herhaling. Toch moet worden opgemerkt dat hier in plaats van 'discipelen' (v. 7v) 'broeders' staat: dit drukt in het bijzonder de nauwe verbondenheid tussen Jezus en zijn discipelen uit, die samen de vertwijfeling van lijden en dood hebben doorstaan. Met de opstanding zijn ze definitief 'verheven' tot 'broeders van Jezus'. Tussen hen is geen onderscheid in rang; ook Petrus wordt immers in Matt. 28:7 niet afzonderlijk genoemd — hij bekleedt niet meer de eerste plaats. Toch staan de discipelen tegenover Jezus nog in een relatie van leerling-leermeester (Matt. 23:8-10) — ondanks de broederlijke verhoudingen *onderling*.

Niettemin doet zich met betrekking tot de verzen 9 en 10 een heel simpele vraag voor: wanneer de verzen van Mattheus zelf afkomstig zijn, waarom heeft hij dan op zo korte afstand van elkaar tweemaal hetzelfde geschreven? Een andere mogelijkheid betreffende de herkomst van Matt. 28:9-10 lijkt dan ook overtuigender te zijn: de verzen moeten — ondanks de uitdrukkingen die typisch voor Mattheus zijn — als een in principe onafhankelijk fragment worden beschouwd, dat helemaal niet direct verbonden is met het graf van Jezus. Dit wordt bevestigd door het feit dat C.H. Dodd voor Matt. 28:9-10, Matt. 28:16-20 en Joh. 20:19-21 een parallelle opbouw heeft vastgesteld.[48] De situatie die wordt verondersteld is volgens Dodd telkens, dat de aanhangers van Jezus beroofd zijn van hun Heer. Daarop volgen respectievelijk zijn verschijning (Matt. 28:9, 17; Joh. 20:19), een groet (Matt. 28:9; Joh. 20:19), zijn herkend worden door de discipelen (Matt. 28:9, 17; Joh. 20:20) en een opdracht (Matt. 28:10, 19; Joh. 20:21v). Maar daaruit zou men kunnen concluderen dat Mattheus een al beschikbaar overleveringsfragment heeft gebruikt.

Verder betekent het, dat in de voor Matt. 28:9-10 gebruikte tekst helemaal niet noodzakelijkerwijs vrouwen moeten hebben gestaan, maar veeleer de discipelen of een andere groep personen. Pas Mattheus zou hier alle hem ter beschikking staande 'korte, afzonderlijke fragmenten' (v. 1; 2-4; 5-8; 9-10) bijeengezet kunnen hebben om een betere overgang tussen het verhaal van het graf en de afsluitende verschijning van Christus te bewerkstelligen. Als ontvangers van de verschijning kwamen in dit geval echter voor Mattheus alleen de vrouwen in aanmerking, die op grond van het verslag, zoals tot nu toe gedaan, als enigen aanwezig waren (vgl. Matt. 26:56; 27:55, 61). Zo zou Mattheus dus de oorspronkelijk in deze verzen vermelde 'discipelen' hebben vervangen door 'vrouwen'.

De reden voor het stileren van een scène in juist deze vorm zal de wens zijn geweest om 'met het lege graf niet alleen de ontmoeting met de engel, maar ook een ontmoeting met de Opgestane te verbinden'.[49] Deze ontwikkeling om via de opgestane Jezus te berichten over de verschijningen werd een *algemene tendens*: tegenover de vragen van buitenstaanders en op grond van eigen overwegingen moesten het verhaal van het graf en de verslagen van de verschijningen steeds nauwer met elkaar in verband komen te staan. Bij Joh. 20:1-18 heeft dit later tot een breed en aanschouwelijk geschilderde scène geleid, terwijl in de sfeer van Lucas (ongeveer een tiental jaar eerder; zie p. 17) tot de traditie van het lege graf slechts een verschijning van engelen heeft behoord, en nog geen eigenlijk opstandingsverhaal (dit blijkt uit Luc. 24:22-24).

In ieder geval blijkt, minstens op grond van Matt. 28:9v, de overlevering van een verschijning aan vrouwen (of aan Maria

Magdalena) aan het graf van Jezus niet historisch te zijn. We zullen hierna zien, of dit oordeel ook geldt voor Joh. 20:14-18.

Matt. 28:16-20: Verschijning van Jezus en zendingsbevel

Mattheus verhaalt in deze perikoop over een andere verschijning van Jezus, die lijkt op die van 28:9 (zie boven, p. 82).

> *16*: En de elf discipelen vertrokken naar Galilea, naar de berg, die Jezus hun had aangewezen.
> *17*: En toen ze hem zagen, aanbaden ze hem; maar enkelen twijfelden.
> *18*: En Jezus kwam op hen toe en zei: Mij is gegeven alle macht in de hemel en op de aarde.
> *19*: Ga dan heen en maak alle volken tot leerling: doop hen in de naam van de Vader en van de Zoon en van de heilige Geest
> *20*: en leer hen alles te onderhouden, wat ik jullie heb bevolen. En zie, ik ben met jullie alle dagen, tot aan het einde van de wereld.

In het algemeen valt op dat het relaas over het verschijnen van Jezus nogal kort is uitgevallen. Dit wordt slechts door een sober 'toen ze hem zagen' uitgedrukt, waarbij de reactie van de elf discipelen identiek is met die van de vrouwen in Matt. 28:9 ('ze aanbaden hem'). Niet de verschijning zelf vormt het middelpunt van de scène, maar de daarop volgende woorden van Jezus (v. 18-20).

V. 16 beschrijft de uitvoering van het bevel van Jezus uit v.10. De 'berg' is daarbij een geliefde plek voor verschijningen (vgl. 5:1; 15:29; 17:1). Mattheus zelf schreef het vers als inleiding op wat volgt.

V. 17: 'ze aanbaden hem' herhaalt het werkwoord uit v. 9.'Twijfelen' komt in het Nieuwe Testament alleen nog voor in Matt. 14:31 en zou naast het vaak door Mattheus gebruikte 'neervallen' (Matt. 2:2; 4:9; daar wel vertaald als 'hulde bewijzen; 8:2 en elders) eveneens van hem afkomstig kunnen zijn.

Door het motief van de twijfel (vgl. vooral p. 98vv) worden de Christenen van de tweede en derde generatie op hun problemen aangesproken; zij hadden immers geen directe toegang meer tot de oorspronkelijke Paaservaring en konden zich die — zoals wij vandaag — niet zonder grote moeite voorstellen. Ze herkennen hun eigen situatie in de tekst en neigen er daarom des te gemakkelijker toe om het antwoord van Jezus op deze zo klemmende vraag te aanvaarden.

V. 18: 'op (hen) toe komen' is typisch de taal van Mattheus(4:3; 8:19; 9:28 en elders). Voor 'hij sprak met hen en zei' zijn talrijke parallellen bij Mattheus aan te wijzen (vgl. slechts 13:3; 14:27; 23:1). In v. 18b is de voorstelling van de Mensenzoon als heerser (vgl. Dan. 7;14) overgedragen op Jezus. De zinsnede 'in de hemel en op de aarde' treft men als geheel of in delen met uitzondering van Matt. 9:6 (= Marc. 2:10) alleen aan bij Mattheus zelf, maar niet in de tekst van Marcus die hij als voorbeeld heeft gebruikt: 6:10; 16:19; 18:18.

V. 19: 'ga heen' herhaalt 'ze gingen heen' (v. 16); vgl. voor deze bij Matt. geliefde zinsnede 9:13; 10:7; 18:12; 21:6 en elders. Ook andere woorden van dit vers stammen zeker van Mattheus zelf, bijvoorbeeld 'daarom' (3:8; 6:8v; 6:31, 34 en elders) en 'tot leerling maken' (13:52; 27:57).

De 'volken' zullen wel alleen op de heidenen betrekking hebben. Mattheus staat nog te sterk in de joodse traditie om ook de Joden onder het in het jodendom slechts voor heidenen gereserveerde begrip 'volken' te laten vallen. Israël, als het door de Farizeeën opnieuw geconstrueerde jodendom, is wel het voorwerp van de scherpe polemiek van Mattheus (hfst. 23), maar het behoort niet direct tot de 'volken'.

V. 20 zit wat taal betreft vol van uitdrukkingen die typisch zijn voor Mattheus: 'onderhouden'; 'alle'; 'bevelen'; 'en zie' (vgl. 28:9); 'einde van de wereld'.

Mattheus beantwoordt in deze slotperikoop van zijn evangelie de vraag naar de basis van de Paaszekerheid en de overwinning van de twijfel. Hij wijst op de uitsluitende autoriteit van de woorden van Jezus voor het heden. De verkondiging is tot prediking van de geboden van de op juiste wijze begrepen Tora, de joodse wet, geworden. In plaats van de vroegere Paasverschijningen komt nu in de gemeente volgens de traditie van Mattheus het in de prediking en in het evangelie aanwezige woord van de verhoogde Christus, die steeds identiek is met de aardse Jezus. Daarbij gebruikt Mattheus in v. 18-20 een hem bekende traditie. Hier worden drie elementen zichtbaar:

1. *V. 18b*: De verhoging van Jezus en de hem daarmee verleende macht (vgl. Matt. 11:27; Joh. 3:35; Fil. 2:9-11).

2. *V. 19-20a*: De zendingsopdracht. Vermoedelijk heeft Mattheus met het bevel 'maak tot leerlingen' (vgl. 13:52; 27:57) een zinsnede vervangen die in de door hem gebruikte tekst stond: 'predik het evangelie' — een zinsnede die wellicht nog bewaardgebleven is in het achteraf toegevoegde slot van het evangelie van Marcus (Marc. 16:15). De doop 'in de naam van de Vader en de Zoon en de heilige Geest' valt op wegens zijn vorm, die drie elementen bevat, want in vroegere tijden werd gedoopt met een formule die slechts één element telde: *Christus* (Gal.3:27) of de *naam Jezus* (1 Kor. 1:13; Hand. 8:16; 19:5; vgl.Did. 9:5).[50] Waarschijnlijk gaat het hier om een doopformule met een liturgisch karakter, die een pendant heeft in Didache 7:1 (afgekort: Did; een kerkorde uit het begin van de tweede eeuw); daar luidt de tekst: 'Doop in de naam van de Vader en de Zoon en de heilige Geest'.

3, *V. 20b*: Jezus' belofte van zijn altijddurende aanwezigheid tot aan het einde van de wereld (vgl. Matt. 18:20).

Het valt nauwelijks te achterhalen of de drie elementen oorspronkelijk zelfstandig waren en door Mattheus op deze plaats bijeengevoegd zijn of dat Mattheus kon uitgaan van een reeds beschikbare tekst, waarin ze al een eenheid vormden.

In dit verband moet nog op het volgende worden geattendeerd: Van een verschijningstraditie is in v. 18-20 eigenlijk geen sprake meer, hoewel Mattheus met het sobere 'toen ze zagen' aanduidt, dat hij een Paas*geschiedenis* wil vertellen. Veeleer treffen we hier een Paas*theologie* aan, die het verschijningsgebeuren op de achtergrond dringt resp. door een rede van de Opgestane vervangt. Daarmee blijft de scène open tot op vandaag. Het gaat dus niet meer om een verschijning, maar om een verhoging van Jezus tot Heer over hemel en aarde, die hier direct met de opstanding wordt verbonden, ja zelfs daarmee wordt geïdentificeerd. Misschien zou men op grond daarvan de gang van zaken beter een verschijning van de Geïntroniseerde kunnen noemen.

Het motief van de volmacht als zodanig wil dus niet zozeer het onderscheid tussen de opgestane en de aardse Jezus onderstrepen, maar veeleer het verband daartussen. Nieuw is de universele uitbreiding van de macht van de opgestane en de aardse Jezus over hemel en aarde. Het bijzondere van de tekst is daarom niet alleen de verbinding tussen verschijning en zending, maar ook van die tussen verhoging en zending onder de volken.

Wat het bovenstaande oplevert, is, historisch gezien, uiterst mager. Mattheus en/of zijn traditie heeft in de slotscène latere theologische consequenties zoals bijvoorbeeld de 'zending onder de volken' gecomprimeerd. Door de discipelen zelf zijn die zo nooit getrokken, maar wel door Paulus en joodshellenistische Christenen. Niettemin waren en zijn de consequenties — dat zij met nadruk gezegd — in de opstandingservaring al latent aanwezig (religieuze taal bedoelt altijd meer dan ze zegt).

Waar is, dat Jezus aan (Petrus en) de Twaalf[51] *is verschenen (1 Kor. 15:5), dat ze hem dus hebben gezien en op grond van deze ervaring een gemeente hebben gesticht, die onder haar joodse medeburgers de verhoging van Jezus als de Messias en/of als de Mensenzoon verkondigde. Dat is de historische kern van de door Mattheus verhaalde scène. Dat dit zien in Galilea plaatsvond, zoals de tekst meldt, blijft op grond van deze passage onzeker, omdat 'Galilea' door Mattheus is afgeleid van Marcus 16:7. Toch zou de localisering van dit eerste 'zien' in Galilea historisch juist kunnen zijn op grond van algemene overwegingen (zie p. 101 en vooral p. 117vv).*

Het Paasgebeuren volgens Johannes

In het evangelie van Johannes komen in vergelijking met de evangeliën van Mattheus, Marcus en Lucas (de zogenaamde synoptici) het grootste aantal Paasgeschiedenissen voor. Dat kan simpelweg verklaard worden uit het feit dat het evangelie op een later tijdstip werd geredigeerd, waardoor al een groter aantal tradities algemeen bekend waren dan in de tijd daarvoor. Toch duidt dit tegelijkertijd op een probleem: als de tradities een lange ontwikkeling hebben doorgemaakt, dan wordt het aanzienlijk moeilijker om achter de oorspronkelijke overleveringen en historische achtergronden te komen.

Het bezoek van de discipelen aan het graf en de verschijning aan Maria (Joh. 20:1-18)

> *1*: Op de eerste dag van de week ging Maria van Magdala vroeg, terwijl het nog donker was, naar het graf, en zag dat de steen van het graf was weggehaald.
> *2*: IJlings liep ze naar Simon Petrus en de andere discipel, die Jezus liefhad, en sprak tot hen: Ze hebben de Heer weggenomen uit het graf, en wij weten niet, waar ze hem hebben neergelegd.
> *3*: Toen ging Petrus op weg en ook de andere discipel, en ze begaven zich naar het graf,
> *4*: en die twee liepen samen snel voort; en de andere discipel liep vooruit en kwam het eerst bij het graf,
> *5*: hij wierp er een blik in en zag de linnen doeken liggen; maar hij ging niet naar binnen.
> *6*: Toen kwam Simon Petrus na hem en ging het graf wél binnen en zag de linnen doeken liggen,

7: maar de zweetdoek, die zijn hoofd had bedekt, zag hij niet bij de linnen doeken liggen, maar daarnaast, opgerold, op een andere plaats.
8: Toen ging ook de andere discipel naar binnen, die het eerst bij het graf was gekomen, en hij zag het en geloofde.
9: Want zij begrepen de Schrift nog niet, dat hij uit de doden moest opstaan.
10: Toen gingen de discipelen weer naar huis.
11: Maria echter stond buiten voor het graf en huilde. En huilende keek zij in het graf
12: en zag twee engelen in witte gewaden zitten, een aan het hoofdeinde en een aan het voeteneinde van de plaats waar ze het lichaam van Jezus hadden neergelegd.
13: En die zeiden tot haar: Vrouw, waarom huil je? Ze zei tot hen: Omdat ze mijn Heer hebben weggenomen, en ik weet niet, waar ze hem hebben neergelegd.
14: En toen ze dat zei, keerde ze zich om en zag Jezus staan en wist niet, dat het Jezus was.
15: Jezus zei tot haar: Vrouw, waarom huil je? Wie zoek je? Zij dacht dat het de tuinman was en zei tot hem: Heer, als u het bent die hem hebt weggedragen, zeg mij dan, waar u hem hebt neergelegd; dan zal ik hem wegnemen.
16: Jezus zei tot haar: Maria! Toen keerde ze zich om en zei tot hem in het Hebreeuws: Rabboeni!, wat betekent: mijn meester!
17: Jezus zei tot haar: Raak me niet aan! Want ik ben nog niet opgevaren tot de Vader. Maar ga heen naar mijn broeders en zeg hun: Ik vaar op tot mijn Vader en jullie Vader, tot mijn God en tot jullie God.
18: Toen ging Maria van Magdala heen en meldde de discipelen: Ik heb de Heer gezien, en dit heeft hij mij gezegd.

A. Joh. 20:1-2

V. 1 komt overeen met Marcus 16:2-4a. De vraag 'Wie zal ons de steen van het graf wegrollen?' (Marc. 16:3) kan ontbreken, omdat het doel van het komen (het zalven van het lichaam van Jezus) hier niet wordt aangegeven. De constructie in v. 1b lijkt in veel opzichten op de paralleltekst Luc. 24:1v. Maria Magdalena wordt evenals in Matt. 28:1 als subject genoemd. Bij alle synoptici gaan, anders dan bij Johannes, meerdere vrouwen naar het graf (Marc. 16:1: drie; Matt. 28:1: twee; Luc. 24:1: meer dan drie; vgl. Luc. 8:2v en Luc. 24:10). De vroege komst van Maria Magdalena naar het graf is uitdrukking van haar liefde, die zonder meer de reden van haar bezoek kan zijn geweest. Het lichaam van Jezus is immers al bijgezet (Joh. 19:40), zodat ze zich daar niet meer om hoeft te bekommeren.

V. 2 schildert hoe Maria — blijkbaar zonder eerst in het graf te kijken — naar Petrus rent. Het vers is een inleiding op het volgende, nieuwe tussenspel, de wedloop tussen Petrus en de lievelingsdiscipel naar het graf, wat in v. 3-10 wordt verhaald. De pluralis 'wij weten niet' vereist niet noodzakelijk dat er meerdere vrouwen naar het graf zijn gegaan (vgl. Joh. 3:2; 14:5). Wellicht worden echter stilzwijgend meerdere vrouwen aanwezig verondersteld, want in v. 13 (vgl. v 15) wordt de singularis gebruikt bij de letterlijke herhaling van de klacht van Maria Magdalena.

B. Joh. 20:3-10

De perikoop heeft een nauwe parallel in Luc. 24:12 (zie p. 52vv) en in Luc. 24:24. Het is een relaas, met als hoofdmotief 'ongetwijfeld de rivaliteit van de beide discipelen en, in verband daarmee, het op de voorgrond plaatsen van de lievelingsdiscipel'[52]. De in *v.* 3 genoemde 'andere discipel' zou met hem identiek kunnen zijn.

Al in Joh. 13:23-25; 18:15-16; 19:26-27, 35 voegt de auteur van het evangelie deze persoon in de lijdensgeschiedenis in, die borg dient te staan voor de authenticiteit ervan.

Tegelijk is hij het toonbeeld van de ideale volgeling van Jezus. In zijn relaas wordt ter afgrenzing van de algemeen erkende positie van Petrus belichaamd hoe dicht de gemeente in de traditie van Johannes bij Jezus staat, d.w.z. de andere discipel wordt tot een onaantastbare autoriteit (vgl. Joh. 14:6v). Daarbij wordt de concurrentie tussen de gemeente in de traditie van Johannes en de andere christelijke gemeenten weerspiegeld in de wedloop van de beide discipelen naar het graf. De andere discipel ziet *eerst* de doeken (*v.* 5) en *v.* 8 zegt nadrukkelijk, dat hij (in tegenstelling tot Petrus!) tot het geloof kwam.

Dit staat overigens op gespannen voet met *v.*9: na dit vers zouhij immers nog evenzeer als Petrus zonder inzicht moeten zijn. Ofwel is v. 9 daarom een latere toevoeging, óf het vers behoorde oorspronkelijk tot de traditie waarin sprake was van een niet-geloven van Petrus — en van zijn begeleider (vgl.Luc. 24:12: Petrus verwondert zich over hetgeen gebeurd is). Johannes zelf zou dan v. 8 ingevoegd kunnen hebben, zonder de spanning ten opzichte van v. 9 volledig op te heffen.

Op grond van zijn liefde (resp. van de liefde van Jezus jegens hem) probeert de andere discipel nog dichter dan Petrus bij Jezus te komen, zoals hij immers ook om die reden tot het laatst toe bij het kruis blijft (vgl. Joh. 19:26). In *v.* 7 bewijzen de bijeengelegde doeken daarbij de onmogelijkheid van een roof van het lichaam, want dat zou in allerijl hebben moeten plaatsvinden, en de lijkdoeken zouden dan bezwaarlijk met zorg kunnen zijn opgevouwen. Zoals de legende van de wacht bij het graf (Matt. 27:62-66; 28:11-15) de joodse lasteringen weerlegt, zo doet nu de auteur van het vierde evangelie dat op een andere manier. Daarmee wordt het lege graf in de visie van Johannes tot een volwaardige getuigenis van de opstanding van Jezus.

Omdat de beide discipelen nog geen inzicht hebben, kunnen ze gewoon naar huis gaan alsof er niets gebeurd is (*v.* 10). Van een voortzetting van het relaas over hun ontdekking is geen sprake: in de daaropvolgende perikoop, v. 19-23, verschijnt Jezus verrassend aan de discipelen die bijeen zijn. Pas daar komen ze tot het juiste inzicht.

De perikoop v. 3-10 gaat terug op een traditie die een verslag van de gang van Petrus naar het graf bevat (hij herhaalt quasi de ervaring van de vrouwen uit Marc. 16:1-8, die een parallel heeft in Luc. 24:12). Dit traditiefragment is de basis voor de compositie van de wedloop tussen Petrus en de lievelingsdiscipel door de auteur van het evangelie van Johannes.

C. Joh. 20:11-18

V. 11 neemt de afgebroken draad van v. 2 weer op. De aansluiting is wat stuntelig: na v. 2 staat Maria helemaal niet bij het graf, en de beide discipelen spelen voor haar geen rol. Nu bevindt ze zich plotseling in v. 11vv bij het graf, als was hetgeen in v. 3-10 verteld is, niet gebeurd'.[53] 'Ze keek' (in het graf) sluit aan bij 'wierp er een blik in' van v. 5. Maria Magdalena rouwt om Jezus (vgl. Joh. 16:20) en huilt.[54] Ze heeft nog niet het inzicht van 'de andere discipel' verworven.

V. 12 heeft een pendant in Marc. 16:5. In de tekst van Johannes zijn de motieven van engelen en graf overvloediger geschilderd. Het feit dat de engelen met z'n tweeën zijn, komt overeen met Luc. 24:4, zodat een relatie tussen beide teksten zou kunnen worden vermoed.

V. 13: 'Ze hebben mijn Heer weggenomen' herhaalt de zinsnede van v. 2.

V. 14: Vgl. voor het onbegrip Luc. 24:16: 'Maar hun ogen werden bevangen, zodat ze hem niet herkenden' en Joh. 21:4: 'De discipelen wisten niet, dat het Jezus was'.

V. 15: De woorden die Jezus tot Maria Magdalena richt, 'Vrouw, waarom huil je?', zijn woordelijk identiek aan het spreken door de beide engelen in v. 13. Het antwoord van Maria wordt bepaald door een misverstand (vgl. Joh. 7:35; 8:22 — vgl. evenwel ook de voorlopige onwetendheid van

Petrus, 13:7, en de discipelen, Joh. 16:18), maar toont ook haar liefde jegens Jezus, voor wie ze nog in zijn dood wil zorgen.

V. 16: 'Ze keerde zich om' heeft hetzelfde werkwoord als v.14. Het vers schildert de herkenningsscène (vgl. Luc. 24:30v), die door het noemen van de naam Maria wordt ingeleid. De reactie van Maria ('mijn meester') overtreft nog het 'Heer' uit v. 15, waarmee ze de vermeende tuinman aansprak. Ze komt alleen nog voor in Marc. 10:51 en heeft dezelfde betekenis als *Rabbi*, de aanspreekvorm die in het evangelie van Johannes met betrekking tot Jezus vaker voorkomt dan in de andere evangeliën.

V. 17: 'Raak mij niet aan! Want ik ben nog niet opgevaren tot de Vader!' laat zien dat bij Maria mogelijk nog een ander misverstand een rol speelt. Het bevel kan op verschillende manieren worden opgevat:

1. Een aanraking heeft niet plaatsgevonden en mag ook niet plaatsvinden (wellicht *omdat* de Heer nog niet tot de Vader is opgestegen en een aanraking hem daarin zou kunnen hinderen).

2. Een aanraking vindt plaats, maar dient te worden beëindigd (wellicht omdat Jezus de eigenlijke *hemelse lichamelijkheid* nog niet heeft ontvangen).

3. De woorden hebben een overdrachtelijke betekenis, en de vraag omtrent het aanraken of niet-aanraken blijft open, afgezien nog van de vraag of de Opgestane zonder meer al aanraakbaar is.

Men kan een of meerdere van deze mogelijkheden ook symbolisch opvatten, zoals bijvoorbeeld Lindblom doet. Hij vertaalt: 'Houd je niet aan mij vast, want weliswaar ben ik nog niet opgevaren tot de Vader, maar ik sta op het punt tot Hem op te varen...'[55] De poging van Maria om zich vast te klampen aan Jezus fungeert dan als symbool voor de angst van de discipelen om zich van Jezus te moeten losmaken.

De aanduiding van de geadresseerden van het bevel als 'mijn broeders' is opvallend. De uitdrukking 'mijn broeders' komt in dezelfde context van een voorzegging van de Opgestane in Matt.28:10 voor en duidt ongetwijfeld op de leden van de christelijke gemeente (vgl. Matt. 18:15 en 1 Joh. 2:9-11 en elders; 3 Joh. 3). In ieder geval is een dergelijk gebruik in het evangelie van Johannes, afgezien van 21:23, uniek.

De inhoud van de opdracht *v.* 17c, die zeker op Johannes zelf teruggaat, heeft een pendant in Joh. 16:28b: 'Ik verlaat de wereld weer en ga naar de Vader' (vgl. 16:5, 10 en elders). Maar nu is er niet alleen meer sprake van Jezus' Vader, maar ook van de Vader van de discipelen, van de God van Jezus, die ook hun God is. De auteur wil zeggen: door het heengaan van Jezus wordt zijn Vader tot de Vader van de zijnen. 'De ware Paasgelovige is dus diegene die dit gelooft en zo, met dit inzicht, de aanstoot van het kruis handhaaft.'[56]

V. 18 verhaalt de uitvoering van het bevel van Jezus aan Maria Magdalena. Ze deelt de discipelen (dus Jezus' broeders) mee: 'Ik heb de Heer gezien', wat eigenlijk niet in de lijn is van het bevel van Jezus. Omdat de zin het karakter van een formule heeft en overeenkomst vertoont met 1 Kor. 9:1 ('Heb ik niet onze Heer Jezus gezien?'), wil Johannes daarmee wellicht nadrukkelijk Maria Magdalena legitimeren als getuige van de opstanding.

De hier door Johannes gebruikte traditie was oorspronkelijk een verschijningsverhaal, dat Johannes eerst verbindt met de uit Marcus bekende grafgeschiedenis en waarin hij v. 3-10 heeft ingelast. Of Johannes daarbij het van Marcus afkomstige verhaal direct heeft gebruikt of dat hij van een verwante traditie of een door Marc. 16:1-8 beïnvloede overlevering gebruik heeft gemaakt, doet er in dit geval niet toe. Daarbij zou hij het in de graftraditie genoemde aantal van twee vrouwen kunnen hebben gereduceerd tot één: Jezus verschijnt aan Maria Magdalena. Weliswaar herkent ze hem pas als hij haar aanspreekt met haar eigen naam, zoals ook de Emmaüsgangers Jezus pas herkennen aan zijn breken van het brood.

De vertelling heeft helemaal de vorm die bij Johannes past (vgl. v. 17 en de parallel van Maria's aanspreken van Jezus [v.16] met Joh. 10:3), maar zou in de kern terug kunnen gaan op de onafhankelijke traditie van een verschijning van Jezus aan Maria Magdalena, die wat woordkeus betreft niet meer reconstrueerbaar is. Dat zij Jezus in het Hebreeuws aanspreekt als *Rabboeni* duidt daarbij op een Palestijnse ontstaansgeschiedenis, ook wanneer niet duidelijk is, of die verbonden is met de overlevering van een verschijning van Jezus aan Maria Magdalena. De artistieke *vorm* van de vertelling pleit er veeleer voor, dat het relaas pas later zo werd versierd, als deze vorm al niet zonder meer teruggaat op Johannes zelf. Maar wie zou willen bestrijden dat in de kern van dit spreken toch minstens een wezenlijk deel van de boodschap van Jezus bewaard is gebleven?

Het schijnt historisch zeker te zijn dat Maria Magdalena een verschijning van de opgestane Jezus heeft ervaren. De vraag blijft echter, of uit het feit van een zelfstandige traditie van deze verschijning mag worden geconcludeerd dat Maria *als eerste* de Opgestane heeft gezien.

Maria Magdalena was met zekerheid een volgelinge van Jezus, Jezus heeft haar immers genezen van zeven boze geesten (Luc. 8:2). In de latere overlevering sinds Gregorius de Grote (ca. 600) wordt Maria Magdalena met Maria van Bethanië (Luc. 10:38-42; Joh. 11:2v; 12:3 enz.) en de zondares in Luc. 7:36-50 geïdentificeerd, waarbij haar bezetenheid met haar vroegere aanstootgevende levenswijze in verband werd gebracht. Deze aantrekkelijke gelijkstelling is helaas louter speculatie en wordt daarom in het vervolg niet verdisconteerd. *Verder kanuit haar bijnaam 'Magdalena' (= uit Magdala, een plaats aan de westzijde van het Meer van Gennésareth in Galilea) en het feit dat haar persoon zo verbonden is met de overlevering van de lijdensgeschiedenis, historisch gezien worden geconcludeerd, dat ze samen met Jezus en anderen deelnam aan de noodlottige gang naar Jeruzalem. Desondanks is de traditie van een verschijning van Jezus aan Maria Magdalena blijkbaar van pas relatief jonge datum.*

De Opgestane verschijnt aan zijn discipelen (Joh. 20:19-23)

19: Maar op de avond van deze eerste dag van de week, toen de discipelen bijeen waren en de deuren gesloten waren uit vrees voor de Joden, kwam Jezus en stond in hun midden en sprak tot hen: Vrede zij met jullie!
20: En toen hij dat gezegd had, toonde hij hun zijn handen en zijn zijde. Toen werden de discipelen blij, dat ze de Heer zagen.
21: Toen sprak Jezus opnieuw tot hen: Vrede zij met jullie! Zoals de Vader mij heeft gezonden, zo zend ik jullie.
22: En toen hij dat gezegd had, blies hij op hen en zei tot hen: Ontvang heilige Geest!
23: Wie jullie ook maar de zonden kwijtscheldt, die zijn ze kwijtgescholden; en wie jullie ze toerekent, die zijn ze toegerekend.

V. 19: De tijdsaanduiding grijpt terug op v.1; was het daar vroeg in de morgen, nu is het de avond van diezelfde dag (zondag). Voor het overige is er geen verbinding met het voorafgaande relaas. Noch naar de boodschap van Maria (v. 13) noch naar de scène met de discipelen aan het lege graf (v. 3-10) wordt verwezen. Dat pleit voor een traditie als basis voor de in bovenstaande verzen beschreven scène, want Johannes zelf zou voor een vloeiende overgang hebben gezorgd.

'Uit vrees voor de Joden'[57] komt precies zo voor in Joh. 7:13 en 19:38; vgl. 9:22. In het parallelverhaal Luc. 24:36-43 is de vrees in v. 37 een reactie op de verschijning. Dit lijkt de oorspronkelijke plaats van het 'vrees-motief' te zijn geweest. Daar beantwoordt de van Lucas stammende formulering 'hij ging in hun midden staan' (v.36) bijna woordelijk aan de zinsnede in het onderhavige vers. De formulering zou kunnen worden verklaard uit het gebruik van het evangelie van Lucas door Johannes, vooral ook omdat de formulering 'in (hun) midden' voor Johannes ongebruikelijk is.

De aansluitende groet ('en hij sprak tot hen: Vrede zij met jullie!') gaat wegens de letterlijke overeenkomst met Luc. 24:36b eveneens terug op Lucas.

V. 20a: Het demonstratieve tonen van zijn handen en zijn zijde(= verwijzing naar Joh. 19:34) is op het eerste gezicht merkwaardig, immers zonder duidelijke aanleiding, en zal zijn bepaald door Luc. 24:40. Wellicht moet daarmee nog eens onderstreept worden 'dat de Opgestane en de Gekruisigde één en dezelfde zijn'.[58] Bovendien is het vers een inleiding op devolgende scène (v. 24-29), en wel in zoverre dat *de discipelen* Jezus niet eerst hoeven te betasten om te geloven, maar dat *Thomas* dit wel zal eisen (zie p. 98vv).

V. 20*b* schildert de reactie van de discipelen ('dat ze de Heer zagen' verwijst naar 'ik heb de Heer gezien', v. 18). Het motief van de blijdschap van de discipelen herinnert aan Luc. 24:41. De overeenkomst kan opnieuw worden verklaard uit het feit dat Johannes het evangelie van Lucas heeft gebruikt.

V. 21: De herhaalde vredesgroet stamt van Johannes. Dezeherhaalt de groet uit v. 19 en vlecht daarin de zending van de discipelen (vgl. Joh. 17:18). De *stilering* van het zendingswoord door Johannes betekent evenwel niet, 'dat het motief van de zending van de discipelen door Jezus als zodanig pas door de evangelist in de tekst van zijn bron werd ingebracht'[59], want vooral Gal. 1:15v doet vermoeden dat het type van het verschijningsverhaal met het daaropvolgend zendingsbevel van Jezus relatief oud lijkt te zijn. Daar concludeert Paulus uit zijn zien van de Opgestane *direct* zijn zendingsopdracht ('Hij openbaarde zijn Zoon aan mij, opdat ik hem door het evangelie zou verkondigen onder de heidenen'). Overigens is de letterlijke tekst van de opdracht niet meer te reconstrueren.

V. 22: Het ontvangen van de Geest door het ademen op de discipelen heeft parallellen in het Oude Testament (Gen. 2:7; Ez. 37:5-10, 14; Sap. 15:1). Voor Johannes is deze voorstelling echter zeer ongebruikelijk en niet bij hem passend:

voor hem *is* Jezus tegelijkertijd de gepersonifieerde Geest (vgl. Joh. 14:16, 16:7, 13; vgl. 7:39). Zijn formulering in dit vers is dan ook verrassend. Bovendien valt in de zinsnede 'ontvang heilige Geest' het ontbrekende lidwoord op — een zinsnede die in het evangelie van Johannes uniek is, maar een pendant heeft in Hand. 2:4.

V. 23: Het begrip van de 'vergeving van de zonden' komt elders in het vierde evangelie niet voor en zou evenals het vorige vers terug kunnen gaan op traditie. De naaste parallellen van de in dit vers uitgesproken volmacht zijn Matt. 16:18v en 18:18, alsmede Luc. 24:47 (deze versie is hier gebruikt).

In het algemeen kan worden gezegd dat de door Johannes gebruikte overlevering de tekst van Luc. 24:36-49 vooronderstelt. De vermoedelijke voorbeeldtekst bevat een niet gedateerde melding van het plotseling verschijnen van Jezus aan zijn discipelen. De discipelen schrokken. Jezus bood hun (wellicht als reactie op hun twijfel) aan, om hem te betasten en schonk hun met een archaïsch gebaar van blazen de Geest, zond hen uit (de wereld in?) en verleende hun tegelijkertijd de volmacht om zonden te vergeven.

Men zou alleen al wegens de afhankelijkheid van het relaas van Lucas kunnen uitsluiten dat de traditie stamt uit het relaas van een ooggetuige.

Desondanks doet ze oud aan en ten dele 'echt'. Dat betreft het samenvallen van 'zien' en 'gezonden worden', alsook 'zien' en 'vervuld worden' met heilige Geest. Dit ook in het 'oorspronkelijke' relaas van Paulus herkenbare gebeuren vormt de historische kern van de traditie van Joh. 20:19-23. Zou het te ver gaan om hier (samen met Luc. 24:36-43) een verschijning aan de Twaalf weerspiegeld te zien?

Later toegevoegd en onhistorisch is evenwel de lichamelijkheid van Jezus (v. 20). Het oorspronkelijke zien van de Paasgetuigen was een zien in de geest en niet het zien van een weer tot leven gekomen lijk.

Thomas, de twijfelaar (Joh. 20:24-29)

Het verhaal heeft geen parallellen in de Paasverhalen. Thomas is elders niet als Paasgetuige bekend. Bovendien is zijn halsstarrigheid uniek (vgl. v. 25b).

> *24*: Maar Thomas, die Tweeling genoemd wordt, een van de Twaalf, was niet bij hen, toen Jezus kwam.
> *25*: Toen zeiden de andere discipelen tot hem: Wij hebben de Heer gezien. Maar hij sprak tot hen: Wanneer ik niet in zijn handen de gaten van de spijkers zie en mijn vinger in de gaten van de spijkers leg en mijn hand in zijn zijde leg, kan ik het niet geloven.
> *26*: En na acht dagen waren zijn discipelen opnieuw in het huis bijeen, en Thomas was bij hen, En Jezus kwam, terwijl de deuren gesloten waren, en hij stond in hun midden en sprak: Vrede zij met jullie!
> *27*: Daarna zei hij tot Thomas: Strek je vinger uit en zie mijn handen en strek je hand uit en leg hem in mijn zijde, en wees niet ongelovig, maar gelovig!
> *28*: Thomas antwoordde en sprak tot hem: Mijn Heer en mijn God.
> *29*: Jezus sprak tot hem: Omdat je me gezien hebt, Thomas, daarom geloof je. Zalig zijn, die niet zien en toch geloven!

Deze geschiedenis staat op gespannen voet met het voorafgaande verhaal, want na v. 21-23 krijgen behalve Judas *alle* discipelen, tot wie Thomas als een van de Twaalf moet hebben behoord, de macht om zonden te vergeven.

V. 24 motiveert waarom de verschijning aan Thomas nog plaatsvindt resp. moest plaatsvinden: hij was er niet bij, toen de zoëven (v. 19-23) beschreven komst van Jezus plaatsgreep. Thomas komt in het Nieuwe Testament behalve in de vier discipellijsten (Marc. 3:18; Matt. 10:3; Luc. 6:15; Hand. 1:13) alleen voor in het evangelie van Johannes (11:16; 14:5;

20:24; 21:2). Hij treedt hier op als typische vertegenwoordiger van de twijfel (vgl. Matt. 28:17; Marc. 16:11, 13, 14; Luc. 24:11, 25, 38, 41).

V. 25: 'Wij hebben gezien' sluit aan bij '(zij) zagen' in v.20 en 'en ik heb gezien' in v. 18. Het tweede versdeel schildert een frappant materialisme als voorwaarde voor het geloof van Thomas. De eis om de hand in de zijde van Jezus te leggen, gaat terug op Joh. 19:34a. Een vermelding van de spijkers bij de kruisiging van Jezus komt alleen nog voor in PetrEv 6:21 en zal afkomstig zijn van de Griekse vertaling van Ps. 21:17, waar staat: 'Zij doorboorden mijn handen en voeten.'

V. 26: Door de tijdsaanduiding 'na acht dagen' wordt het opnieuw bijeen zijn van de discipelen — evenals de eerste keer— op een zondag gedateerd. V. 26b herhaalt nauwkeurig v. 19b: Jezus komt naar zijn discipelen, hoewel de deuren gesloten zijn, en begroet ze.

V. 27 grijpt terug op v. 20 en beantwoordt exact aan de wens van Thomas in v. 25v. Vgl. in verband met de betasting als middel om zich van de realiteit van het lichaam van Jezus en van de identiteit van zijn persoonlijkheid te overtuigen Luc. 24:39-43. Toch duidt de aansluitende oproep ('wees niet ongelovig, maar gelovig!) aan waar het werkelijk op aan komt.

V. 28: Thomas gaat niet op het aanbod van Jezus in. Hij roept uit: 'Mijn Heer en mijn God!' (vgl. Joh. 10:30) en komt met deze belijdenis tot het geloof. Met hem worden ook de lezers toegesproken, die daarin, evenals in de geloofsbelijdenissen van Simon (Joh. 6:68v) of van Martha (Joh. 11:27), een voorbeeld voor hun eigen geloof dienen te zien. Er hoeft niet meer betast te worden, want het woord van Jezus alleen brengt tot geloof.

V. 29 spreekt op berispende toon ook slechts over een zien (en niet over een betasten) van Thomas en formuleert in een zaligprijzing (in het evangelie van Johannes alleen nog voorkomend in Joh. 13:17) algemeen geldend: het komt niet aan op het zien, maar op het geloven. Dat is niet ver verwijderd van Matt. 28:16-20, waar 'de boodschap van de Opgestane en de gehoorzaamheid aan dit woord de weg naar de overwinning van de twijfel' was.[60]

Het verwijt dat tot Thomas wordt gesproken treft blijkbaar evenzeer alle andere discipelen, want Thomas heeft geen ander bewijs gevraagd dan wat Jezus de overigen vrijwillig had aangeboden. Zo is 'de twijfel van Thomas representatief voor de doorsnee houding van de mensen, die niet kunnen geloven zonder wonderen te zien (4:48)'.[61]

Het verhaal over Thomas weerspiegelt een laat stadium van de vroegchristelijke Paasverhalen. Een nauwe relatie met de oorspronkelijke Paasgebeurtenissen heeft het niet. Het lijkt er op dat het de gnostische overtuiging moest bestrijden, volgens welke Jezus 'slechts' een *goddelijk* wezen — geen mens— in een schijnlichaam zonder vlees en bloed is geweest (vgl. soortgelijke tendensen in de brieven van Johannes: 1 Joh. 1;1; 4:1v; 2 Joh. 7 en ook Luc. 24:39-43). Deze gnostische bewering wordt weerlegd door het concrete aanbod van Jezus om hem te betasten.

Men kan het verhaal wegens zijn teruggrijpen op Joh. 20:19-23 op z'n minst beschouwen als een vroege stilering van Johannes, die hiermee het wijd verbreide motief van twijfel concretiseerde en beeldend vorm gaf. Daarvoor pleit ook de gelijkenis in opbouw van het verhaal over Thomas met Joh. 1;45-51[62], voorts het feit dat in het evangelie van Johannes dikwijls individuen een bijzondere rol krijgen toebedeeld: Nicodemus (Joh. 3:1-9), Martha en Maria (Joh. 11:1vv), Filippus en Nathanaël (Joh. 1:43-51), de Sicharitische (Joh. 4:7vv). We kunnen dan ook met Dauer tot de volgende conclusie komen:

'Aan de hand van de figuur van Thomas heeft de evangelist het motief van het geloof van de discipelen geschetst, alsmede van de overwinning van de twijfel door de ontmoeting met de Opgestane, én de behandeling van de problematische vraag naar de waarde van zo'n geloof.'[63] *Daarbij voegt de auteur achteraf het motief van de*

twijfel, dat hij kennelijk uit Joh. 20:19-23 heeft verwijderd, in deze geschiedenis in. Deze gebeurtenis die plaatsvond tussen de opgestane Jezus en Thomas is onhistorisch.

De Opgestane aan het Meer van Tiberias (Joh. 21)

1: Hierna openbaarde Jezus zich opnieuw aan de discipelen aan het Meer van Tiberias. En hij openbaarde zich aldus:
2: Daar waren bijeen Simon Petrus en Thomas, die Tweeling genoemd wordt, en Nathanaël uit Kana in Galilea en de zonen van Zebedeüs en nog twee van zijn discipelen.
3: Simon Petrus sprak tot hen: Ik wil gaan vissen. Zij zeiden tot hem: Dan gaan we met je mee. Ze vertrokken en gingen aan boord, en in die nacht vingen ze niets.
4: Maar toen het al morgen was, stond Jezus aan de oever, maar de discipelen wisten niet dat het Jezus was.
5: Jezus zei tot hen: Kinderen, hebben jullie soms iets te eten? Zij antwoordden hem: Nee.
6: Maar hij zei tot hen: Werp het net uit aan de rechter zijde van het schip, dan zullen jullie wel iets vinden. Toen wierpen ze het uit en konden het niet meer ophalen wegens de grote hoeveelheid vis.
7: Toen zei de discipel, van wie Jezus hield, tot Petrus: Het is de Heer! Toen Simon Petrus hoorde dat het de Heer was, schortte hij zijn bovenkleed op, want hij was ongekleed, en wierp zich in het water.
8: Maar de andere discipelen kwamen met het schip, want ze waren niet ver van het land, slechts ongeveer tweehonderd ellen, en sleepten het net met de vissen.
9: En toen ze aan land gingen, zagen ze een kolenvuur en vissen daarop en brood.
10: Jezus zei tot hen: Breng van de vissen, die jullie nu gevangen hebt!
11: Simon Petrus ging aan boord en sleepte het net aan

land, vol grote vissen, honderddrieënvijftig. En hoewel het er vele waren scheurde het net niet.
12: Jezus sprak tot hen: Kom en houd maaltijd. Maar niemand van de discipelen durfde hem te vragen: Wie bent u? Want ze wisten dat het de Heer was.
13: Toen nam Jezus het brood en gaf het hun, en zo ook de vissen.
14: Dit was al de derde maal, dat Jezus aan de discipelen werd geopenbaard, nadat hij uit de doden was opgestaan.
15: Toen ze de maaltijd gehouden hadden, sprak Jezus tot Simon Petrus: Simon, zoon van Johannes, heb jij mij lief — meer dan dezen mij liefhebben? Hij zei tot hem: Ja, Heer, u weet dat ik u liefheb. Jezus zei tot hem: Weid mijn lammeren!
16: En voor de tweede maal sprak hij tot hem: Simon, zoon van Johannes, heb jij mij lief? En hij zei tot hem: Ja, Heer, u weet dat ik u liefheb. Jezus zei tot hem: Weid mijn schapen!
17: En voor de derde maal sprak hij tot hem: Simon, zoon van Johannes, heb jij mij lief? Petrus werd verdrietig, omdat hij voor de derde maal tot hem zei: Heb jij mij lief?, en hij sprak tot hem: Heer, u weet alle dingen, u weet, dat ik u liefheb. En Jezus zei tot hem: Weid mijn schapen!
18: Waarachtig, waarachtig, ik zeg je: Toen jij discipel was gordde je jezelf en ging waarheen je wilde, maar als je eenmaal oud wordt, zul je je handen uitstrekken, en een ander zal je gorden en brengen waarheen je niet wilt.
19: En dit zei hij om te kennen te geven met welke dood hij God zou prijzen. En toen hij dit gezegd had, sprak hij tot hem: Volg mij!

20: Maar Petrus keerde zich om en zag de discipel volgen, van wie Jezus hield, die ook tijdens de avondmaaltijd aan zijn borst had gelegen en gezegd had: Heer, wie is het die u verraadt?

21: Toen Petrus hem zag, zei hij tot Jezus: Heer, wat zal met hem gebeuren?
22: Jezus zei tot hem: Als ik wil, dat hij blijft totdat ik kom, wat gaat jou dat aan? Volg jij mij!
23: Zo ontstond onder de broeders het gerucht: Deze discipel sterft niet. Maar Jezus had niet tot hem gezegd: Hij sterft niet, maar: Als ik wil, dat hij blijft, totdat ik kom, wat gaat jou dat aan?
24: Dit is de discipel, die van dit alles getuigt en het opgeschreven heeft, en wij weten, dat zijn getuigenis waar is.
25: Er zijn nog veel andere dingen, die Jezus gedaan heeft. Wanneer evenwel deze één voor één beschreven werden, dan zou, denk ik, de wereld de boeken niet kunnen bevatten die te schrijven waren.

Het hoofdstuk is achteraf aan Joh. toegevoegd, zoals uit de volgende overwegingen kan blijken:

1. 20:30v is nadrukkelijk de afsluiting van een boek.
2. 21:24 voert de lievelingsdiscipel op als de auteur van het hele evangelie. Daarentegen zijn er in de hoofdstukken 1-20 nergens aanwijzingen te vinden die duiden op deze auteur.
3. Joh. 21 heeft ten dele een andere taal dan Joh. 1-20. Vgl met name *'Kinderen'* (v. 5) waarmee Jezus de discipelen aanspreekt en *'broeders'* (v. 23) als aanduiding van de Christenen.[64]

Een en ander betekent weliswaar nog niet dat iets definitiefs gezegd kan worden over de ouderdom van de tradities achter Joh. 21. In ieder geval kan als auteur diegene beschouwd worden, die Joh. 21 *aan zijn compositie heeft toegevoegd*. Deze is immers niet noodzakelijk identiek met de *auteur* van Joh. 1-20.

A. De verschijning van Jezus aan de Zee van Tiberias (Joh.21:1-14)

V. 1 strookt met v. 14 en stamt van de auteur van dit

hoofdstuk ('hij openbaarde zich' — tweemaal in v. 1 — bereidt het 'werd geopenbaard' in v. 14 voor). In beide verzen is Joh. 20 verondersteld. 'De derde maal' (v. 14) verwijst namelijk naar de in Joh. 21:2-13 verhaalde verschijning als de derde. Dan zou 20:19-23 de eerste en 10:26-29 de tweede verschijning aan de discipelen zijn. De verschijning aan Maria Magdalena (20:11-18) wordt daarbij blijkbaar niet meegeteld, omdat het geen verschijning aan de discipelen was.

V. 2 begint met een opsomming van de personen die erbij betrokken zijn: 'Simon Petrus' verwijst naar 20:2. 'Thomas, die Didymus (= Tweeling) genoemd wordt' naar 20:24. Vgl. over Nathanaël Joh. 1:46-50. De toegevoegde vermelding van de zonen van Zebedeüs zou kunnen teruggaan op de oudere traditie, omdat ze elders in het evangelie van Johannes niet worden vermeld. Daarentegen zijn de twee niet nader aangeduide andere discipelen wegens de terugverwijzing naar 'zijn discipelen' in v. 1 niet traditioneel. Bij elkaar ontstaat zo een zevental, met symbolische betekenis. Het staat voor de toekomstige kerk (vgl. ook de zeven gemeenten in Op. 2-3).

V. 3 is een compacte vertelling van een mislukte visvangst. Een parallel hiervan staat in Luc. 5:5: 'Wij hebben de hele nacht gewerkt en niets gevangen.' Daarbij valt op hoe de zes discipelen aan Petrus ondergeschikt zijn: Petrus neemt het besluit, de discipelen volgen.

V. 4: De tijdsaanduiding 'toen het reeds morgen was' sluit aanbij 'in deze nacht' (v. 3). De geschiedenis van een mislukte visvangst loopt uit op een verhaal van een verschijning van Jezus. De discipelen herkennen, evenals voordien Maria Magdalena (Joh. 20:14), Jezus niet (vgl. Luc. 24:16). Tussen Petrus en de discipelen wordt geen onderscheid meer gemaakt.

De verzen 2-4a behoren tot de traditie van een visvangst, die, zoals Luc. 5 laat zien, in verband stond met een relaas over de roeping van Petrus (zie. p. 117vv).

V. 5: De vertrouwelijke manier waarmee Jezus de discipelen aanspreekt: 'kinderen', komt alleen nog voor in 1 Joh. 2:14, 18. Het Griekse woord voor 'eten' kan hier ook met 'vis' vertaald worden. De auteur denkt hier al aan de verderop beschreven maaltijd en zorgt ervoor dat de daarvoor benodigde vissen in het volgende vers (6) eerst al gevangen zijn (vgl. Luc. 24:41v).

V. 6 behelst het bevel van Jezus aan de discipelen om het net uit te werpen. Ze geven daaraan gehoor en 'konden het niet meer slepen wegens de grote hoeveelheid vis' (vgl. Luc. 5:4-6). De in v. 3 geconstateerde mislukte vangst wordt door de voorzegging van Jezus en doordat ze aan zijn bevel gehoor hebben gegeven een groot succes (eveneens in Luc. 5).

V.7 is een door de auteur ingelaste tussenepisode, die gaat over de lievelingsdiscipel en Petrus. Evenals in Joh. 20:8 wordt onderstreept dat de lievelingsdiscipel Jezus *eerder dan Petrus* herkent. Hij overtreft hem dus voor de tweede maal (zo ook in 21:20-23). Wanneer Petrus doorheeft dat het de Heer is, werpt hij zich, na zijn bovengewaad te hebben aangetrokken (= omgorden), direct in het meer, om naar Jezus te zwemmen. Daarmee wordt zijn grote liefde voor hem tot uitdrukking gebracht (v. 15).

V. 8 vertelt over de overige discipelen en verklaart waarom Petrus in het water kon springen (en naar Jezus kon zwemmen); hij was namelijk slechts tweehonderd ellen van het strand verwijderd.

V. 9 verbindt visvangst en maaltijd (met de Heer).

V. 10 verhaalt dat ook de vissen uit de rijke vangst deel moeten uitmaken van de maaltijd, hoewel er al vissen op het vuur lagen (v. 9). 'Deze tegenstrijdigheid kan het beste worden verklaard door te veronderstellen dat de redacteur (= de auteur van dit hoofdstuk) de geschiedenis van de visvangst en een verschijningsgeschiedenis (die bij de maaltijd behoort) met elkaar wilde verbinden.'[65]

V. 11: Petrus komt opnieuw een centrale rol in het verhaal toe: hij is degene die (nu pas!) alleen het net met de honderddrieënvijftig vissen aan land sleept. Dat zowel op het aantal alsook op het feit dat het net niet scheurde nadruk wordt gelegd, accentueert enerzijds het wonderbare karakter van het gebeuren (vgl. Joh. 6:13), maar vraagt anderzijds om een nadere verklaring. Wellicht is het net voor de auteur het symbool van de kerk, waarbij het grote aantal vissen haar openstaan naar de hele wereld uitdrukt. Petrus lijkt daarbij — evenals in Matt. 16 — opnieuw de borg van deze kerk te zijn.

V. 12: Het eerste deel van het vers met de uitnodiging van Jezus tot de maaltijd past slecht bij het tweede deel. Wat heeft de vermelding, dat niemand Jezus naar zijn identiteit durfde vragen, te doen met de uitnodiging om een maaltijd te houden? Volgens de toevoeging wisten ze zelfs dat het de Heer was. Hier ligt een merkwaardige spanning tussen het feit dat de discipelen willen vragen èn het gegeven dat ze er al van op de hoogte waren. Die spanning werd opgeroepen door de auteur van het hoofdstuk — zogenaamd de lievelingsdiscipel, die Jezus immers al in v. 7 had herkend.

V. 13: De inleiding van de zin met 'toen kwam Jezus' strookt met het begin van v. 20:8 ('toen kwam Maria van Magdala'). Het gebaar van de uitdeling van het brood en de vis herinnert aan Joh. 6:11. In ieder geval wordt met de gebaren van Jezus duidelijk gemaakt dat de Opgestane aanwezig is (vgl. Luc. 24:30). De discipelen hoeven nu niet meer te vragen naar datgene waarnaar ze in v. 12 niet durfden te vragen.

De verzen 12-13 stammen uit de traditie van een Paasverschijning, waartoe oorspronkelijk ook v. 4b behoorde.

V. 14: zie onder v. 1.

Als historisch zeker mag worden beschouwd dat Petrus (en de discipelen) na de dood van Jezus een belevenis hebben ervaren, waarin hem/hun Jezus als de opgestane Christus verscheen. De traditie van de visvangst, v. 2-4, die een parallel in Luc. 5 heeft (al speelt het zich daar af tijdens het leven van Jezus), kan aan deze verschijning herinneren. We zullen ons daar in samenhang met de verschijning aan Petrus (zie p. 117vv) nog nader mee bezig moeten houden.

De traditie achter de maaltijd van de opgestane Jezus met zijn discipelen is relatief jong. Het avondmaal wordt opgevat als symbool van de ontmoeting met de opgestane Heer. Zo bevestigt het voorhanden zijn van deze traditie slechts dat er ooit een verschijning — op welke wijze dan ook — van Jezus aan de discipelen heeft plaatsgevonden; de relatie met een 'avondmaal' moet evenwel als onhistorisch worden beschouwd.

B. De Opgestane en Simon Petrus (Joh. 21:15-19)

De perikoop v. 15-19, een gesprek van Jezus met Petrus, is opgebouwd als een eenheid. Jezus vraagt Petrus in *v.* 15-17 driemaal, of hij hem liefheeft. 'Meer dan de anderen' in de eerste vraag (v. 15) dient als schakel met de vorige eenheid, waar sprake is van de discipelen. Petrus antwoordt elke keer bevestigend. Vóór het laatste antwoord wordt verteld dat Petrus er verdrietig van werd, dat Jezus het hem een derde keer vroeg — blijkbaar hadden de eerste antwoorden geen effect gehad. Als reactie op het antwoord van Petrus volgt telkens een bevel van Jezus aan zijn discipel: v. 15 slot, v. 16 slot, v. 17 slot. De perikoop is literair van opbouw. Het Griekse werkwoord van het eerste en derde bevel is identiek ('*weid* mijn lammeren/schapen') en eveneens het lijdend voorwerp ('schapen') van het tweede en derde bevel: het gaat daarbij in het algemeen om de kerkelijke leiderspositie van Petrus. Is het toeval dat Petrus moet doen, wat volgens Joh. 10 Jezus zelf doet, namelijk de goede herder zijn? In ieder geval blijkt uit de zorgvuldig gecomponeerde opbouw dat de auteur een literaire vormgeving van de tekst nastreefde.

V. 18-19 verhalen van een voortgezette dialoog, waarin Jezus aan Petrus de kruisdood voorspelt. Hierin ligt een bijzondere onderscheiding van de discipel (zie ook v. 19: 'God prijzen'). Dan volgt afsluitend de uitnodiging: 'Volg mij!'; d.w.z. het derde bevel: 'Weid mijn schapen!' (v. 17) wordt aangevuld met de uitnodiging tot de persoonlijke navolging, die (wegens v. 18-19a) een oproep tot navolging in het martelaarschap is. Daarmee wordt duidelijk verwezen naar Joh. 13:36 en wordt er met zoveel woorden gezegd: pas nu is een navolging van Jezus door Petrus mogelijk, nadat hij, ondanks zijn verloochening, vergeving van zonden heeft ontvangen. Met andere woorden: Petrus wordt gerehabiliteerd.

De laatste overweging laat zien hoe de auteur de scène gelezen wil hebben: de verloochening van Jezus door Petrus is door de herhaalde opdracht aan Petrus 'overwonnen'. Daarbij is het getal drie in de dialoog wellicht een 'rijm' op de ook in het evangelie van Johannes driemaal vertelde verloochening van Jezus door Petrus (Joh. 18:17, 25-27).

Uit een en ander wordt soms wel geconcludeerd dat in het bovenstaande verhaal geen sprake is van een oude traditie. Maar is het uitgesloten dat de auteur van hoofdstuk 21 een traditionele samenhang tussen de opdracht aan en de verloochening door Petrus heeft weggelaten? Het is mogelijk dat de tekst zoals wij die kennen een rest van de oorspronkelijk vermelde samenhang van verloochening en genade-ervaring is, destemeer omdat deze ook in de gemeenschappelijke basis van Luc. 5 en Joh. 21:1-13 waarschijnlijk is. Weliswaar moet worden toegegeven, dat uit een geïsoleerde bestudering van de tekst een dergelijke stelling niet kan worden ontwikkeld. Dit zal ons later nog nader bezighouden (zie p. 128v), wanneer het speciaal om de historiciteit van de verloochening van Jezus door Petrus gaat.

Maar in ieder geval gaat ook de achter Joh. 21:15-17 *liggen de traditie van de herinnering aan een eerste verschijning van Jezus aan Petrus terug tot de vroegste, direct op Pasen aansluitende periode. Een verschijning van Jezus aan Petrus is zeker historisch. Petrus interpreteerde deze verschijning als een opdracht van Jezus om de gemeente te leiden* (vgl. Matt.16:18 op p. 120vv).

C. Petrus en de discipel, die Jezus liefhad (Joh. 21:20-23)

De perikoop belicht opnieuw (na Joh. 20:3vv; 21:7) de verhouding tussen Petrus en de lievelingsdiscipel.

V. 20: Nadat gezegd wordt dat de lievelingsdiscipel Jezus al volgt, terwijl Petrus pas in v. 19 daartoe de uitnodiging ontvangt, wordt aan de lievelingsdiscipel opnieuw een geestelijke superioriteit toegeschreven. Het vers verwijst bewust naar de avondmaalsscène (Joh. 18:15).

V. 21-22: Nadat Jezus in v. 18 de kruisdood van Petrus had voorzegd, vraagt Petrus naar het lot van de lievelingsdiscipel. De auteur van hoofdstuk 21 releveert een in zijn gemeente gangbare gedachte, namelijk dat de lievelingsdiscipel tot de wederkomst van Jezus niet zal sterven en wil de eigenlijke betekenis ervan verklaren. Daartoe construeert hij een gesprek tussen Jezus en Petrus. Jezus verklaart dat het Petrus niets aangaat, wanneer de lievelingsdiscipel zou blijven leven tot hij zelf zal zijn wedergekeerd. Petrus moest veeleer hem volgen (= bekrachtiging van de oproep om na te volgen in v. 19 alsmede van de voorrang van de lievelingsdiscipel boven Petrus).

V. 23 corrigeert de verwachting van de gemeenteleden (=broeders), dat de lievelingsdiscipel niet zou sterven voor de wederkomst van Christus en verklaart deze veronderstelling als een misverstand. Jezus heeft namelijk niet zijn overleven voorspeld, maar het slechts als mogelijkheid geopperd. Het feit dat een valse verwachting met betrekking tot het overleven van de lievelingsdiscipel moest worden gecorrigeerd, zou alle twijfel aan het historisch bestaan van deze discipel uit de weg moeten nemen.

Het gesprek in v. 20-23 tussen Petrus en Jezus beoogt twee punten duidelijk te maken[66]:

a) De autoriteit van Petrus is overgedragen op de lievelingsdiscipel (Petrus moet de marteldood sterven, terwijl de lievelingsdiscipel in leven blijft).

b) De lievelingsdiscipel blijft ondanks zijn dood de borg voor de gemeente in de traditie van Johannes; hij geldt volgens v. 24 als de auteur van het evangelie van Johannes.

Daarmee zal duidelijk zijn dat de gehele perikoop ontsproten is aan de fantasie van de auteur van hoofdstuk 21. Oudere tradities werden niet gebruikt; er is geen historische achtergrond.

Resultaten van de analyse van de Paasverhalen

Alle vier de evangeliën van het Nieuwe Testament verhalen in uitvoerige schilderingen over een bezoek van vrouwelijke volgelingen, resp. discipelen van Jezus aan het graf van hun meester, die op de derde dag na de kruisiging moet hebben plaatsgevonden. Ze treffen het graf leeg aan, en elke keer krijgen ze de mededeling dat Jezus is opgewekt. In drie van de evangeliën ontmoeten ze korte tijd later de opgestane Jezus, die hun specifieke voorzeggingen doet.

1. De verhalen van de bezoeken aan het graf zijn gecentreerd rond Maria uit de stad Magdala en Galilea; de met haar naar het graf gaande personen zijn verwisselbaar. Dus staat en valt de historiciteit met de geloofwaardigheid van de gang van Maria naar het graf. Met zekerheid was Maria een volgelinge van Jezus en trok ze samen met hem naar Jeruzalem. Ze is een vast bestanddeel van de lijdensoverlevering (zie p. 42vv). Maar haar bezoek aan het graf van Jezus is niet historisch: de overleveringsbron is een laat ontstane, tegen de aanvallen van tegenstanders gerichte legende, die een al voorhanden 'christelijk' geloof in de opstanding van Jezus vooronderstelt (zie p. 87vv; ook het bezoek aan het graf door Petrus werd daar als onhistorisch ontzenuwd).

2. De datum van de opstanding 'op de derde dag' kan niet worden bewezen als historisch. Het tijdstip werd vermoed, omdat het een oudtestamentische profetie (Hos. 6:2) in vervulling deed gaan (zie p. 72v).

3. Alleen al de bestudering van de gegevens omtrent de begrafenis van Jezus had tot het resultaat geleid dat diens aan-

hangers helemaal niet wisten waar hun meester was begraven (zie p. 37v). De analyse van het verhaal over de wachters bij het graf (Matt. 27:62-66; 28:11-5), die schijnbaar bewijst dat de plaats van de begrafenis zowel bij de autoriteiten als bij de discipelen heel goed bekend was (want hoe zou anders het graf bewaakt hebben kunnen worden?), bleek een achteraf gevormde legende te zijn, om een gerucht dat inderdaad de ronde deed over een diefstal van het lichaam van Jezus te weerleggen (zie p. 79vv).4. Hoe de gang van zaken zelf is geweest bij de opwekking van Jezus wordt in geen enkele tekst beschreven. Maar buiten de bijbelse geschriften zijn er gedetailleerde uitspraken over te vinden. Weliswaar zijn het allemaal produkten van de fantasie, die de vraag naar het '*hoe*' van de opstanding van Jezus pogen te beantwoorden (zie p. 78vv).

5. Spoedig na zijn kruisiging is Jezus aan enige personen verschenen. Maar de oudste verschijning vond niet plaats aan het graf, want graf- en verschijningstraditie hoorden oorspronkelijk niet bij elkaar. Pas in de tijd daarna werden ze steeds nauwer met elkaar verbonden, zodat de wijze waarop de oorspronkelijke verschijning plaatsvond nauwelijks meer valt te achterhalen.

Voor die verhalen, die de nadruk leggen op de lichamelijkheid van de Opgestane, moet in het algemeen een relatief late ontstaanstijd worden aangenomen, hoewel elementen daarin zeker ouder kunnen zijn. Want de accentuering van de zintuigelijk waarneembare werkelijkheid van de opgestane Jezus kwam pas later tot stand, om te kunnen vasthouden aan de realiteit van de opstanding tegenover andere beweringen volgens welke Jezus helemaal niet, slechts als geest of slechts in schijn zou zijn opgestaan.

6. Als historisch zeker mag gelden dat Petrus en de discipelen na de dood van Jezus ervaringen hadden, waarin Jezus aan hen als de opgestane Christus is verschenen.

7. Als schouwtoneel van deze gebeurtenissen worden zowel Jeruzalem (en omgeving) als Galilea genoemd. Maar als

de eerste verschijningen in Jeruzalem zouden hebben plaatsgevonden, dan zouden die in Galilea niet verklaard kunnen worden. Want waarom zouden de discipelen *na* hun opstandingservaring terug zijn gegaan naar Galilea? De oergemeente ontstond immers in Jeruzalem, het geloofscentrum van de Joden.

Om dezelfde reden is het ook moeilijk voor te stellen dat iemand Galilea als plaats van verschijning van Jezus zou hebben bedacht. Zo blijft slechts de consequentie over, dat de eerste verschijningen inderdaad in Galilea en de daarop volgende in Jeruzalem, maar daar pas op een later tijdstip, hebben plaatsgevonden. Dit vermoeden wordt nog onderbouwd door het feit dat de verschijning in Joh. 21 aan het Meer van Tiberias (dus in Galilea) speelt, en dat het vermelden van deze plaats uit een oude traditie stamt (zie p. 101vv en vooral p. 117vv).

8. Maar daarmee is het onmogelijk dat deze verschijningen al op de derde dag na de kruisiging begonnen. De discipelen zouden in die tijd, van vrijdag tot zondag, de weg terug van Jeruzalem naar Galilea niet hebben kunnen afleggen. Bovendien lag tussen die dagen de sabbat, waarop ze nauwelijks zouden hebben gereisd. Maar tegelijkertijd moet worden overwogen, dat in de oudste vermelding in 1 Kor. 15:4 slechts de opstanding van Jezus en *niet* de verschijning op de derde dag wordt gedateerd.

9. De evangeliën vermelden dat Jezus het *eerst* is verschenen aan Maria Magdalena — een verschijning die onlosmakelijk verbonden is met de plaats Jeruzalem. Het schijnt historisch zeker te zijn dat Maria Magdalena een verschijning van de opgestane Jezus heeft gehad. Ofwel deze verschijning vond later plaats, namelijk toen de mare van de verschijningen van Jezus van Galilea was doorgedrongen tot Jeruzalem, ofwel Jezus verscheen tegelijkertijd op verscheidene plaatsen. Dan zou inderdaad niet meer uit te maken zijn, aan wie hij het eerst is verschenen — aan Petrus of aan Maria. Toch is de traditie van een eerste verschijning aan Maria pas relatief laat ontstaan (zie

p. 87vv), terwijl die aan Petrus tot de oudste overleveringsfragmenten behoort. Dit is een goede reden om een *eerste* verschijning aan Maria als niet-historisch te beschouwen.

10. Evenzeer onlosmakelijk met de omgeving van Jeruzalem (Emmaüs) verbonden is de op een aantal punten ongetwijfeld oude verschijning van Jezus aan de twee jongemannen, van wie er één wordt aangeduid met de naam Kleopas. Verondersteld mag worden dat het hierbij gaat om een neef van Jezus. Deze familierelatie zou ook kunnen verklaren, waarom zich rond deze verschijning een zelfstandige traditie heeft gevormd. Want in de antieke tijd hadden familierelaties een bijzondere betekenis; bloedverwantschap met voorname persoonlijkheden werd bijna als statussymbool opgevat (zie p. 139v). Zo vormden zich om deze personen wellicht verhalen en legenden. Men kan dus vermoeden dat verschijningen van de opgewekte Jezus aan leden van zijn familie inderdaad hebben plaatsgevonden, maar voor het tijdstip van die verschijningen tasten we in het duister.

11. Ten slotte moet nog worden gewezen op de verschijning aan Thomas, die door de evangelist Johannes zelf werd gecomponeerd en die daarmee moet worden aangemerkt als onhistorisch (zie p. 98vv).

De onderzochte verhalen stammen geen van alle van ooggetuigen, maar zijn langs de weg van de gemeente of/en een theologisch geschoolde persoonlijkheid ontstaan. Zo is, historisch gezien, het resultaat van het onderzoek met betrekking tot de opstanding van Jezus onbevredigend. We weten tot nu toe slechts, dat het gebeuren, zoals de evangeliën dat beschrijven, historisch niet waarschijnlijk is. De verhalen over de opstanding van Jezus en de begeleidende omstandigheden zijn alle te beschouwen als pogingen om het onverklaarbare te verklaren; met het werkelijk historisch gebeuren heeft het niets te maken. Zo lijkt het waagstuk om het opstandingsgebeuren te reconstrueren, op een dood spoor te zijn aanbeland.

Het enige wat we met zekerheid als historisch kunnen aanmerken, is, dat er spoedig na Jezus' dood opstandingsverschijningen zijn geweest in Galilea (en Jeruzalem). Deze verschijningen zijn niet te loochenen. Maar heeft zich daarin daadwerkelijk de opgestane Jezus geopenbaard? Wanneer dit aangetoond kan worden, mag men voortaan de vraag naar het '*hoe*' van de opstanding gerust laten schieten. Want dan zou het vastgestelde '*dat*' van de opstanding volstrekt voldoende zijn voor de bevestiging van ons christelijk geloof.

Daarom zullen we ons nu uitvoerig bezighouden met de ons uit 1 Kor. 15 bekende opstandingsverschijningen.

De verschijningen van de opgestane Jezus

Bij het onderzoek naar de opstandingsverschijningen zullen we ons beperken tot de door Paulus in 1 Kor. 15 vermelde 'aanschouwingen'. De reden daarvoor is, dat de onderzoekingen naar de andere verschijningen (aan Maria en Kleopas) ons behalve het *feit* van de verschijning zelf geen enkele aanwijzing geven over het *hoe* van wat bij het 'aanschouwen' is gezien. Alle versieringen worden beschouwd als onhistorisch. Het is daarom niet mogelijk deze verschijningen aan een nader onderzoek te onderwerpen.

Anders is het gesteld met de door Paulus vermelde fenomenen. Want in de uitspraken over de opstandingsverschijning aan Paulus zelf gaat het om een 'ooggetuigenverslag'. Bovendien plaatst Paulus nadrukkelijk zijn eigen verschijning door Jezus op hetzelfde niveau als die van de andere getuigen (1. Kor. 15:8). Blijkbaar werd dit ook door niemand in twijfel getrokken, want Paulus werd (ondanks gering verzet) als volwaardige opstandingsgetuige erkend.

Bij de opsomming van de verschijningen van de Opgestane (in 1 Kor. 15:5-8) gebruikt Paulus in de oorspronkelijke Griekse tekst voortdurend een vorm van het werkwoord '*zien*' ('oofthè'). Toch leidt de objectieve vertaling tot problemen.

Het begrip heeft een oudtestamentische voorgeschiedenis: De Griekse vertaling van het Oude Testament (= Septuaginta) gebruikt het woord overal waar een soortgelijke Hebreeuwse uitdrukking wordt gebruikt in verband met het verschijnen van Jahweh, resp. zijn engel aan Abraham (Gen. 12:7; 17:1; 8:1), Isaak (Gen. 26:2, 24), Jacob (Gen. 31:13; Gen. 35:1, 9), Mozes (Ex.3:2). Dit is ongeveer vijfenveertig maal het geval. Ten aanzien van het veelvuldige gebruik heeft men wel gesproken van een 'Godsverschijningsformule', die terug zou keren in de 'geloofsbelijdenis' van 1 Kor. 15, en daaruit heeft men dan verstrekkende consequenties getrokken. Wordt het namelijk gebruikt als louter formule, dan zegt het woord zelf ('*zien*','*verschijnen*') niets meer over een daadwerkelijk proces van'*zien*'. Er wordt dan nog slechts het feit van een op één of andere wijze van '*verschijnen*' uitgedrukt.

Daartegenover moet evenwel gewezen worden op het feit dat de uitdrukking in de Septuaginta ook andere subjecten dan God kan hebben: 2 Kon. 14:11 (Joas en Amazia), 1 Makk. 4:6 (Judas), 1 Makk. 4:19 (Judas' vijanden), 1 Makk. 9:27 (een profeet), 2 Makk. 3:25 (een paard). Men kan hier spreken van een afgesleten of niet-specifiek gebruik van het woord. Zo simpel is de zaak dus niet.

Paulus gebruikt in 1 Kor. 15 de werkwoordsvorm voor verschillende fenomenen (individuele ontmoetingen, massamanifestaties). Ook in andere opzichten kunnen de verschijningen niet van gelijke aard zijn geweest. Want voor Kefas is de ervaring van het '*verschijnen*' vooral een onmiddellijk gebeuren. Er ging bij hem geen communicatieproces aan vooraf (niemand vertelde hem dat Jezus opgestaan en verschenen was) of zelfs een consolidering van de gemeente (zoals bij andere leden van de reeks van getuigen). Hij had een zelfstandige, geïsoleerde ervaring.

Dat laatste geldt ook voor Paulus. Toch is het verschil tussen Petrus en Paulus gelegen in het feit dat Petrus Jezus heeft *weer*gezien, terwijl Paulus Jezus voordien helemaal niet kende. De verschijning van Christus aan Paulus werd evenzeer als een echte 'ervaring van een eerste verschijning' beschouwd, omdat ze een *vervolger* van de gemeente betrof en geen gelovige aanhanger.

Omdat anderzijds Paulus '*hij verscheen*' gebruikt met betrekking tot zichzelf (v. 8) en daarmee zijn ontmoeting met Jezus gelijkstelt met de verschijningen aan de andere getuigen, en omdat hij op andere plaatsen verschillende werkwoorden hanteert om zijn opstandingsvisioen te verwoorden, is de poging legitiem om bij wijze van proef vanuit die andere plaatsen te proberen het in 1 Kor. 15 genoemde fenomeen te verklaren. De analyse van de paulinische teksten zal daarom in het vervolg een sleutelpositie toebedeeld krijgen.

De eerste verschijning aan Petrus

In de eerste tijd van de oergemeente in Jeruzalem had Petrus er de leiding. Dit kan al worden geconcludeerd uit Gal. 1:18. Paulus reisde drie jaar na zijn bekering naar Jeruzalem, om *Petrus* te leren kennen. Hoe Petrus in deze positie terechtgekomen is, kan het best verklaard worden door aan te nemen dat er sprake was van een legitimering door 'de Opgestane'. Op deze als historisch op te vatten opstandingsverschijning heeft 1 Kor. 15:5 betrekking, evenals de oude 'Paasjubel' in Luc. 24:34 ('De Heer is werkelijk opgestaan en aan Simon verschenen!'). Ook *buiten* het Nieuwe Testament kan men een reactie op de eerste verschijning aantreffen, en wel in de al behandelde tekst bij Ignatius, Aan de Smyrneeërs 3,1-2 (zie p. 66).

Toch is het merkwaardig hoe weinig de teksten over deze voor de stichting van de eerste christengemeenten zo belangrijke eerste verschijning aan Petrus vermelden. De reden daarvoor zou kunnen zijn dat de betekenis van Petrus in de oergemeente heel snel was verminderd. Want in de discussie over de vraag of de strenge joodse wet voor de Christenen nog enige betekenis had dreef het meer wetsgetrouwe merendeel van de oergemeente onder leiding van Jacobus zijn mening door tegenover de op dat punt meer liberale fractie van Petrus. Daarmee werd het aanzien van Petrus aan het wankelen gebracht. Hij verliet uiteindelijk Jeruzalem, ging op zendingsreis en stierf onder Nero in Rome (ca. 65).

Met het oog op deze ontwikkeling in het vroege christendom te Jeruzalem wordt het begrijpelijk, waarom tradities over Petrus langzamerhand afgezwakt en door verhalen over Jacobus verdrongen werden. Het is dan niet verwonderlijk, dat in de tijd dat de evangeliën werden geschreven, de aanvankelijke leidersrol van Petrus in de Jeruzalemse oergemeente nog slechts in de marge werd vermeld. Maar dat betekent niet dat die rol er niet geweest is!

Niettemin zijn in het Nieuwe Testament nog spaarzame resten van een oorspronkelijk Christusvisioen van Petrus bewaard gebleven, namelijk in de teksten Luc. 5:1-11/Joh. 21 en Matt. 16:17-19.

Luc. 5:1-11/Joh. 21

Het verhaal over 'het vissen van mensen', de 'wonderbare visvangst', Luc. 5:1-11, speelt zich af tijdens het leven van Jezus. Eigenlijk is hier dus geen sprake van zijn opstanding:

> 1: En het gebeurde, toen de menigte zich om hem verdrong om het woord van God te horen, dat hij aan de oever van het Meer van Gennésareth stond,
> 2: en hij zag twee schepen aan de oever liggen; de vissers waren eruit gegaan en spoelden hun netten.
> 3: Toen klom hij in één van de schepen, dat van Simon, en vroeg hem om een eindje van de oever weg te varen. Hij ging zitten en hij onderrichtte de menigte vanuit het schip.
> 4: En toen hij opgehouden had met spreken zei hij tegen Simon: Vaar uit naar diep water en werp jullie netten uit om te vissen!

5: En Simon antwoordde en zei: Meester, wij hebben de hele nacht gewerkt en niets gevangen; maar op uw woord zal ik de netten uitwerpen.
6: En toen ze dat deden, vingen ze een grote hoeveelheid vis, en hun netten begonnen te scheuren.
7: En ze wenkten hun maats, die in het andere schip waren, dat ze moesten komen om te helpen. En ze kwamen en vulden beide schepen, zodat ze bijna zonken.
8: Toen Simon Petrus dat zag, viel hij aan de voeten van Jezus en zei: Heer, ga weg van mij! Ik ben een zondig mens.
9: Want schrik had hem en allen die bij hem waren, bevangen, wegens deze vangst, die ze met elkaar gedaan hadden.
10: Evenzo ook Jacobus en Johannes, de zonen van Zebedeüs, die met Simon samenwerkten. En Jezus zei tegen Simon: Wees niet bang! Van nu af aan zul je mensen vangen.
11: En ze brachten de schepen aan land en lieten alles achter en volgden hem.

In de opmerkingen vooraf (zie p. 17vv) werd gezegd dat de chronologische rangschikking van de verschillende daden van Jezus door de evangelisten volstrekt willekeurig ter hand werd genomen. Daarom moet dus altijd de vraag worden gesteld of een verhaal op de juiste plaats is terechtgekomen.

Gewoonlijk kan over een dergelijke vraag worden gespeculeerd, omdat de aanknopingspunten voor een ondubbelzinnig antwoord ontbreken. Maar in dit speciale geval kan het verhaal in *Joh.*21:1-17 ons verder helpen. Daarin treffen we interessante parallellen aan met de geschiedenis uit Luc. (vgl. p. 101vv), die het vermoeden wekken dat beide verhalen bijeenhoren en oorspronkelijk op een opstandingsgebeuren teruggaan.[67] De volgende motieven zijn met elkaar in overeenstemming:

1. Petrus als hoofdpersoon van het verhaal (naast Jezus);

2. het vergeefse uitvaren om te vissen;
3. de toespelingen op de verloochening door Petrus (de belijdenis van zonden in Luc. 5:8b/de driemaal door Jezus gestelde vraag, Joh. 21:15-17);
4. de overvloedige visvangst (Joh. 21:6/Luc. 5:6);
5. het motief van het vangen telkens in relatie tot Petrus (Luc. 5:10c/Joh. 21:11);6. de oproep tot navolging (Luc. 5:11/Joh. 21:19);
7. de waardering die Petrus door het woord van de Heer ten deel valt (Luc. 5:10c/Joh. 21:17d).

Juist bij de tekst van Joh. 21:15-17 stelden we vast, dat die in zijn huidige vorm, waarin verloochening en ervaring van genade met elkaar verbonden zijn, geen oude traditie kan zijn. Zo zijn de in het derde en zesde punt aangestipte elementen geen oorspronkelijk bestanddeel van het gebeuren. Toch blijft het op grond van de andere aangevoerde parallellen zeer waarschijnlijk, dat door Joh. 21 het verhaal van Luc. 5:1-11 kan worden bestempeld als een relaas dat in zijn oorsprong een Paasgeschiedenis is geweest; dit geldt temeer omdat de manier waarop Lucas de uitspraak over het vissen van mensen verwoordt (Luc. 5:10), zoals die tot Petrus wordt gesproken, geen twijfel laat dat de uitspraak zijn wortels heeft in de Paassituatie.[68]

De oudere tekst van Marcus, 1:16-18, spreekt bij een soortgelijke situatie slechts van de *belofte* van een toekomstige inzet tot vissers van mensen:

> 16: Maar toen hij langs het Meer van Galilea ging, zag hij Simon en Andreas, Simons broer, in zee staan en het net uitwerpen; want het waren vissers.
> 17: En Jezus zei tegen hen: Kom achter mij aan; ik zal jullie tot vissers van mensen maken!
> 18: En meteen lieten ze de netten achter en volgden hem.

Luc. 5:10 beschrijft daarentegen het *ingezet worden als vissers van mensen* zelf, dat direct volgt op dit tot Petrus gerichte woord. Verder bevat Marc. 1:18 een oproep tot navolging, die *pas naderhand* is aangepast aan de omstandigheden van het leven van Jezus, terwijl in Luc. 5:10 de oproep: 'Wees niet bang!' staat. Deze kan zich nauwelijks uit Marc. 1:18 hebben ontwikkeld, maar stond al oorspronkelijk in de verschijningsgeschiedenis. Dit past bij de ontzetting in het Paasgebeuren bij de ontmoeting met de Opgestane.

Nog een andere, belangrijke aanwijzing dat er aan de perikoop een opstandingssituatie ten grondslag ligt, bestaat hierin, dat Luc. 5;8b 'een vertwijfelde schuldbekentenis van Petrus meldt, waartoe de in Luc. 5 geschetste situatie geen enkele aanleiding biedt'.[69] Als men ervan uitgaat dat de verloochening van Jezus door Petrus historisch kan worden genoemd (zie p. 128vv), dan zou voorshands de zin van de achter Luc. 5 liggende historische gebeurtenis kunnen worden aangeduid als 'begenadiging uit diepe schuld en een ingezet worden als getuige en apostel van de levende Heer'.[70]

Natuurlijk is niet elke openbaringsscène automatisch in het Paasgebeuren te verankeren. Maar hier is dit ontstaan zeer waarschijnlijk.

Luc. 5/Joh. 21 gaan dus terug op de overlevering van een verschijning van de opgestane Jezus. Over de details ervan zijn we natuurlijk niet goed geïnformeerd, vooral omdat de beide teksten vanuit een later perspectief werden geformuleerd.

Matt. 16:15-19

Een ander relaas over de eerste verschijning van Jezus aan Petrus, opnieuw geformuleerd vanuit een later perspectief, is waarschijnlijk de tekst van Matt. 16:15-19.

> 15: Hij vroeg hen: Wie zeggen jullie dan, dat ik ben?
> 16: Toen antwoordde Simon Petrus en sprak: U bent de Christus, de zoon van de levende God!
> 17: En Jezus antwoordde en sprak tot hem: Zalig ben jij,

> Simon, zoon van Jona; want vlees en bloed hebben je dat niet geopenbaard, maar mijn Vader in de hemel.
> 18: En ik zeg je ook: Jij bent Petrus, en op deze rots zal ik mijn gemeente bouwen, en de poorten van de hel zullen haar niet overweldigen.
> 19: Ik zal jou de sleutels van het hemelrijk geven: alles wat jij op aarde zult binden, zal ook in de hemel gebonden zijn, en alles wat jij op aarde zult ontbinden, zal ook in de hemel ontbonden zijn.

Reeds Bultmann veronderstelde op goede gronden dat dit fragment heel oud moest zijn.[71] Hij schreef: 'De gemeente gaf een woord van Jezus door, waarin aan Petrus de autoriteit in zaken betreffende de leer, resp. de tucht werd toebedeeld' (p. 147). Dat blijkt volgens hem uit de werkwoorden 'binden' en 'ontbinden' in v. 19. De hele gedachte van v. 18 zou verwijzen naar de begintijd van de christelijke gemeente: 'De woorden kunnen nauwelijks ergens anders dan in de Palestijnse oergemeente zijn geformuleerd, waarin men opzag tegen Petrus als de stichter en leider van de gemeente en waarin men de Opgestane de zaligspreking van Petrus in de mond legde. Want het lijdt geen twijfel dat degene die in Matt. 16:17-19 aan het woord is, de Opgestane is;...' (p. 277).

In Matt. 16:17-19 zou dan het oorspronkelijk slot van het relaas omtrent de belijdenis van Petrus, dat Marcus al verhaalt in Marc. 8:27-30, zijn bewaard gebleven. Maar daar zou Marcus dit slot al hebben verworpen en hebben vervangen door de discussie tussen Jezus en Petrus (Marc. 8:31-33), een tekst die zijn hoogtepunt vindt in de woorden waarmee Jezus de opvatting van Petrus verwerpt: 'Ga weg van mij, Satan!' (v. 33b). Hierin weerspiegelt zich, nog steeds volgens Bultmann, 'een polemiek tegen de joods-christelijke, door Petrus vertegenwoordigde visie op het standpunt van het hellenistische christendom in de lijn van Paulus' (p. 277; vgl. Marc. 8:32v).

De belangrijke slotconclusie van Bultmann op grond van zijn overwegingen luidt: '*Als het vermoeden juist is, dat Matt.*16:17-19 *oorspronkelijk het slot van de belijdenisscène heeft gevormd, dan komt daarin ook tot uitdrukking, dat de Paaservaring van Petrus het geboorte-uur van het geloof in de Messias van de oergemeente was, ja, het hele relaas zou dan als Paasgeschiedenis kunnen worden opgevat, die (wellicht eerst door Marcus) werd verplaatst.*' (p. 277v)

Het is waarschijnlijk dat in de gemeenten eerst verhalen over de Paaservaring van Petrus in omloop waren. Deze hadden de pretentie dat het hierbij ging om de eerste verschijning. Vooral op grond van de zich wijzigende machtsverhoudingen en de concurrentie-situatie in de Jeruzalemse oergemeente werden deze overleveringen echter al gauw 'verminkt' en in andere samenhang van verhalenreeksen ingevoegd. Desondanks mag als historisch oordeel worden gezegd dat *Petrus na de dood van Jezus hem in levende lijve heeft gehoord en gezien*. Met dit'zien' werd de opdracht verbonden tot zending en tot leiding van de kerk, alsmede de verlening van de macht om zonden te vergeven. In hoeverre de laatste drie punten historisch gezien voorwerp van de verschijning zelf waren of dat ze achteraf ontstonden, op grond van de betekenis die Petrus eraan gaf, is nauwelijks met zekerheid te zeggen.

Nu zou men met deze conclusies de historische naspeuring kunnen afbreken en een verder onderzoek voor historisch onmogelijk kunnen houden, vooral omdat de bronnen onvoldoende houvast bieden. Hier geldt inderdaad het gebod van het historisch redelijk denken, dat impliceert dat niet moet worden gespeculeerd, wanneer de bronnen het laten afweten. Anderzijds zouden de Petrustradities van het Nieuwe Testament nog niet volledig uitgeput kunnen zijn als het gaat om de vraag naar de Paasverschijning aan Petrus. Dat geldt in het bijzonder voor de overlevering van een verloochening van Jezus door Petrus, die direct bij de gevangenneming van Jezus moet hebben plaatsgevonden. Luc. 5:8 wees hoogstwaarschijnlijk al op deze traditie. Als die historisch is, dan ligt het voor de hand om de verloochening van Jezus (*vóór* diens dood) en het zien van Jezus (*ná* diens dood) in verband met elkaar te brengen en daarmee eventueel een dieper inzicht in de opstandingsverschijning aan Petrus te verkrijgen.

De verloochening van Jezus door Petrus (Marc. 14:54; 66-72)[72]

Na zijn gevangenneming werd Jezus voor de hogepriester geleid:

> 54: Maar Petrus volgde hem van verre, tot in het paleis van de hogepriester, en zat daar tussen de knechten en warmde zich bij het vuur.
> ...
> 66*b*: Toen kwam een van de slavinnen van de hogepriester;
> 67: en toen ze Petrus zag, die zich zat te warmen, keek ze hem aan en zei: En jij was ook bij die Nazarener Jezus.
> 68: Maar hij loochende het en zei: Ik weet niet en begrijp niet, wat je zegt. En hij ging naar buiten, naar de voorhof, en de haan kraaide.
> 69: En de slavin zag hem en begon opnieuw tot de omstanders te zeggen: Dat is één van hen.
> 70: En hij loochende het opnieuw. En na een tijdje zeiden de omstanders op hun beurt tegen Petrus: Werkelijk, jij bent één van hen; want jij bent ook een Galileeër.
> 71: Maar hij begon zich te vervloeken en te zweren: Ik ken die man niet, over wie jullie spreken.
> 72: En terstond kraaide de haan voor de derde maal. Toen herinnerde Petrus zich het woord, dat Jezus tegen hem gezegd had: Voordat de haan tweemaal kraait, zul jij me driemaal verloochenen. En hij begon te huilen.

Het hele verhaal slaat terug op de voorzegging van de verloochening in Marc. 14:30, die letterlijk overeenkomt met v. 72c.

V. 54, het begin van het verhaal, is door Marcus naar voren gehaald, om het vast te knopen aan het verslag van de verhandeling van de Hoge Raad (v. 53,55-65). V. 66a ('En Petrus was beneden in de hof') neemt de in v. 54 onderbroken draad weer op. 'Die zich zat te warmen' (v.67) slaat terug op 'warmen' in v. 54.

Door het in elkaar schuiven van twee gebeurtenissen ontstaat een indrukwekkende tegenstelling tussen de belijdenis van Jezus voor de Hoge Raad (Marc. 14:62) en de verloochening van Petrus.

De reden van de koppeling van verloochening en verhandeling voor de Hoge Raad is bij Marcus ongetwijfeld dat hij de aandacht wil vestigen op het contrast tussen de belijdenis van Jezus (Marc. 14:62) en de drievoudige, dus totale verloochening door Petrus. Dit fors aangezette tegenover elkaar plaatsen maant de Christenen om het voorbeeld van Jezus in een openlijk belijden na te volgen.

Ook binnen het verhaal heeft Marcus zelf ingegrepen: sporen van verbindingen, resp. taalgebruik, beide typisch voor Marcus, treft men aan bij de vermelding van 'hogepriester' (v. 66 slaat terug op v. 53) en het 'die zich zat te warmen' (v. 67 slaat terug op v. 54). Ook 'bij die Nazarener'[73] (v. 67); 'opnieuw', 'begon' (v. 69); 'nog eens', 'en na een tijdje' (v. 70); 'hij herinnerde zich' en 'het woord'[74] (v. 72) stammen van Marcus. Het is zelfs denkbaar dat hij het hele vers 72, dat terugslaat op 14:30, formuleerde.

V. 66-68*a* schildert de *eerste* verloochening. Strikt genomen gaat het hier om een verloochening van het discipel-zijn van Petrus (vgl. v. 67b) en nog niet om een verloochening van Jezus. Maar doordat het antwoord van Petrus in v. 68a de gedachte verwerpt dat hij Jezus kent, wordt tegelijk de latere concrete verloochening in v. 71 voorbereid. De tekst laat een cumulatie zien: de vragen aan Petrus worden intensiever en dringender, zodat hij zich niet meer kan behelpen met algemene uitvluchten van onbegrip, maar *concreet* moet worden.

V. 68*b*-70*a* vertellen de *tweede* verloochening, die plaatsvindt in de voorhof. Ze wordt in tegenstelling tot de eerste niet uitvoerig beschreven, maar slechts kort vermeld. Dat past bij de situatie, dat de slavin de omstanders alleen maar over Petrus 'informeert' (en hem zelf niet meer aanspreekt zoals bij de eerste keer). De cumulatie bestaat hierin, dat steeds meer personen bij het gebeuren worden betrokken en Petrus met de vraag op de huid zitten of hij tot de kring van Jezus heeft behoord. De vraag van de omstanders aan Petrus wordt niet zelf beschreven, maar verondersteld, omdat Petrus daarop reageert ('hij loochende *opnieuw*'). 'Opnieuw' herhaalt hetzelfde woord van v. 69 en wordt uitsluitend in v. 70 nog eens gebruikt, waarschijnlijk om de kettingreactie van vraag en verloochening te accentueren.

V. 70*b*-71 vertelt de *derde* verloochening. De plaats lijkt dezelfde als die van de tweede (in de voorhof), maar wordt niet uitdrukkelijk genoemd. Ditmaal nemen de omstanders het initiatief. De slavin heeft hun tevoren in de tweede verloocheningsscène de identiteit van Petrus verraden. Daarmee is er een nauwe relatie gelegd tussen de tweede en derde verloochening. De bewering van de omstanders is gebaseerd op het feit dat Petrus (evenals Jezus) een Galileeër is. Tevoren bevestigen ze wat de slavin hun zoëven gezegd (v. 69b) heeft, en ze spreken Petrus ditmaal nadrukkelijk toe. Deze derde verloochening van Petrus krijgt door de vloek en het zweren een bijzonder sterk accent. Pas nu gaat het om een concrete verloochening van Jezus. Daarmee wordt 14:30 (de voorzegging van de verloochening) pas werkelijk vervuld.

V. 72: Door dit vers zijn de verloochening in Marc. 14:54v,66-71 en de voorzegging ervan in Marc. 14:27-31 achteraf nauw met elkaar verbonden. Zoals Jezus in het evangelie van Marcus de aanstaande verloochening van Petrus heeft voorzegd, heeft hij ook van tevoren al geweten van het verraad van Judas (Marc. 14:18-21) en van zijn eigen dood en zijn opstanding (Marc. 8:31; 9:31; 10:32-34).

De in de wetenschap omstreden vraag, of Marcus op één

en dezelfde plaats *één* oorspronkelijk verhaalde verloochening heeft vermeerderd tot *drie*, kan hier buiten beschouwing blijven. Het staat wel vast dat die vraag nauwelijks te beantwoorden is, en ze is voor de vraag naar de *historiciteit* van de verloochening van geen belang. Vast staat in ieder geval dat de verloocheningstraditie ooit geïsoleerd en onafhankelijk van de lijdensgeschiedenis de ronde deed, omdat de verbinding tussen die twee pas achteraf plaatsvond, en voorts staat vast *dat* er een — weliswaar niet nauwkeurig te begrenzen — traditie van een verloochening door Petrus bestond. *Deze zou een historische kern kunnen bezitten, want het is ondenkbaar dat de gemeente een zo vernederende legende over haar leider zelf bedacht zou hebben.*

Voordat een nieuw voorstel ten aanzien van de oorsprong van deze traditie ter tafel komt, moet eerst nog de verhouding van de verloocheningstraditie tot een overlevering die daarvan afwijkt, worden onderzocht, namelijk die in Luc. 22:31-34.

De verhouding van Marcus 14:66-72 *tot Lucas* 22:31-34

> 31: Simon, Simon, zie, de Satan heeft geëist om jullie te zeven als de tarwe.
> 32: Maar ik heb voor jullie gebeden, dat jullie geloof niet zou bezwijken. En wanneer je je eenmaal bekeert, sterk dan de broeders.
> 33: Maar hij zei tegen hem: Heer, ik ben bereid om met u in de gevangenis en de dood te gaan.
> 34: Maar hij zei: Petrus, ik zeg je: de haan zal vandaag niet kraaien, voordat je driemaal hebt geloochend dat je me kent.

Reeds Bultmann heeft erop gewezen dat in deze korte verzen een groot probleem schuilt. Want 'v. 33v lijkt na v. 31v misplaatst, omdat v. 32 met het perspectief op de belangrijke rol van Petrus besloot, terwijl v. 33 slechts de droeve keerzijde tot inhoud heeft.'[75] Het is dan ook nauwelijks mogelijk dat alle verzen oorspronkelijk bijeengehoord hebben. Het vermoeden is daarom dat de passage in z'n geheel door Lucas is geformuleerd en dus geen traditionele kern heeft bezeten. Toch werpt dit een nieuw probleem op: Kan men van een auteur als Lucas, die er zo alert op is dat binnen een tekst de dingen met elkaar kloppen, verwachten dat hij opvallende tegenstrijdigheden in opeenvolgende zinnen niet zou hebben bemerkt?

Daar staat de stelling van Bultmann tegenover, die overtuigender is: hij rekent Luc. 22:31v tot de traditie en concludeert tot een formulering door Lucas van 22:32b-33. Het traditiefragment Luc. 22:31v is, volgens Bultmann, vooral om twee redenen belangrijk: '1. Het toont dat verscheidene bestanddelen van de lijdensgeschiedenis ook een afzonderlijke traditie hadden. 2. V. 31,32a veronderstelt blijkbaar dat bij het 'zeven' de discipelen allemaal zijn afgevallen behalve Petrus; alleen zíjn trouw is niet bezweken. Deze traditie kent dus de verloocheningsgeschiedenis niet' (p. 288). Het beeld van het zeven van de tarwe veronderstelt dat niet alle discipelen zijn afgevallen, maar dat een rest het 'zevingsproces' heeft doorstaan. En de uitspraak van Jezus: 'dat je geloof niet zal bezwijken' zou een afval van Petrus juist uitsluiten (p. 288, noot 1).

Daarmee is duidelijk geworden: de overlevering van Luc. 22:31v, die spreekt over een afval van de discipelen en van een staande blijven van Petrus ten aanzien van het lijden van Jezus, en de traditie van een verloochening van Jezus door Petrus staan met elkaar op gespannen voet. Men zou daaruit kunnen concluderen dat de verloochening niet historisch is. Maar het is evengoed denkbaar dat de traditie van Luc. 31v een bestaande verloocheningstraditie wilde *corrigeren* en *daarom* de standvastigheid van Petrus nadrukkelijk wilde onderstrepen. Bovendien is denkbaar dat de traditie — ondanks de verloochening — in retrospectief nadrukkelijk wilde aanduiden, 'dat Petrus de zaak Jezus volstrekt niet heeft opgegeven..., maar er op een of andere manier krachtig naar streefde het geloof in hem te behouden'.[76]

De verloochening van Jezus door Petrus — een historisch feit

Klein spreekt zich uit voor het niet-historisch karakter van de verloochening van Petrus. Hij brengt het feit dat er driemaal sprake is van een verloochening in Marc. 14:54, 66-72 biografisch in verband met de 'keerpunten' in de loopbaan van Petrus: Eerst is hij lid van de kring van Twaalf, dan apostel, vervolgens lid van het 'zuilencollege' en ten slotte een alleenstaande die z'n eigen gang gaat.[77] Maar wie zou dit als *verraad* kunnen uitleggen? Waar zou voorts kunnen worden aangewezen dat Petrus een tegenstander is geworden? Want dat zou immers de basis moeten zijn voor het ontstaan van het gerucht van een verloochening van Jezus door Petrus.

Men zal hiertegenover de oude suggestie van Martin Dibelius weer in rekening moeten brengen, volgens wie Petrus zelf over zijn verloochening zou hebben verteld, 'maar niet in verband met een relaas over de lijdensgeschiedenis, doch in relatie tot een Paaservaring'.[78]

Bovendien kan men als parallel wijzen op de wijze waarop over het verleden van Paulus en zijn latere prediking van het evangelie werd gesproken. In Gal. 1:23 leest men: 'Alleen hoorden ze telkens: Hij die ons vroeger vervolgde, verkondigt nu het geloof dat hij tevoren trachtte uit te roeien.' Dit vers is een mondelinge overlevering, die in de door Paulus vervolgde Syrische gemeente de ronde deed en die eveneens in de door hem gestichte gemeenten bekend kan zijn geweest. Paulus vermeldt immers in de brief aan de Galaten nadrukkelijk zijn activiteiten als vervolger (Gal. 1:13).

Op analoge wijze werd ongetwijfeld ook, in het toen-nu-schema, over de verloochening van Petrus en zijn Paaservaring gesproken. In beide gevallen gaat het blijkbaar om 'persoonsgebonden tradities' met een hoog historisch waarheidsgehalte.

Petrus had zich in Jeruzalem na de gevangenneming van Jezus van zijn meester gedistantieerd, om zijn leven te redden. Hij was hierin gelijk aan zijn medediscipelen, die al eerder op de vlucht waren geslagen (Marc. 14;50). De historiciteit van de 'vlucht van de discipelen' is zeker. De discipelen van Jezus moeten zich van hem hebben afgekeerd — anders zouden ze zelf gekruisigd zijn.

Een andere discipel, Judas, heeft zelfs aan de gevangenneming van Jezus meegewerkt. Vermoedelijk bestonden er in de kring van de discipelen rond Jezus bij de beslissende tocht naar Jeruzalem aanzienlijke spanningen. Het gistte zelfs. Het 'satanswoord' in Marc. 8:33 (zie p.121) is te scherp, om niet authentiek te zijn en wijst op spanningen in de relatie tussen Jezus en zijn 'eerste' discipelen. Het kwam tot een catastrofe, en het samenzijn werd door de executie van Jezus onverwacht beëindigd.

De Paaservaring van Petrus — een stuk rouwverwerking

In hetgeen nu volgt wordt een poging ondernomen om op grond van het verhaal van Petrus en het feit van zijn opstandingsvisioen na te gaan, wat zich tussen Goede Vrijdag en Pasen in zijn innerlijk kan hebben afgespeeld.

Voor Petrus is in de dramatiek van de Goede Vrijdag en de verloochening de wereld ingestort. Maar met Pasen werd de treurende Petrus ondanks zijn verloochening van Jezus en ondanks diens dood tegemoet getreden door het woord van Jezus, namelijk het woord van *vergeving*; hij heeft hem *'gezien'*. Het woord van Jezus werd door hem nu beleefd als iets dat leeft, als een ontmoeting met de complete Jezus. Dat de situatie van Petrus kan worden omschreven als een rouwperiode, blijkt uit een vergelijking met verhalen van rouwenden, die soms ook de ervaring van een plastische, bijna tastbare tegenwoordigheid van de verloren geliefde medemens kennen.

Yorick Spiegel[79] haalt enkele gevallen aan: 'De rouwende

hoort de stappen van de overledene op de trap, hoort het knarsen van het grind voor het huis, en gelooft dat de deur opengaat: "Ik zag Kay, zoals hij in de deuropening stond. Hij zag er uit, zoals hij er altijd uitzag als hij van zijn werk thuiskwam. Hij glimlachte, en ik snelde met uitgestoken armen, zoals ik dat altijd deed, op hem af en drukte me tegen zijn borst. Ik opende de ogen en het beeld was verdwenen."' (p.171).

Naast hallucinaties en auditieve ervaringen komt bovendien bijna nog vaker het gevoel voor, dat de gestorvene aanwezig is: 'Ik heb altijd nog het gevoel dat hij in de buurt is, en dat er iets is wat ik voor hem doen moet of hem vertellen moet... Hij is altijd bij me. Ik hoor en zie hem, hoewel ik weet, dat het alleen maar een denkbeeldig iets is.' (p.173).

In aansluiting op zijn beschrijvingen zet Spiegel uiteen dat bij een goed verlopen rouwproces het geleidelijke afscheid van de dode behoort. Dit afscheid voltrekt zich, aldus Spiegel, in een *in fasen* verbleken van de reële persoon en duurt een lange, per persoon verschillende tijd.

Zo beschouwd is de rouw van Petrus om de overleden Jezus echter juist níet een goed verlopen, maar eerder een mislukt rouwproces. Want Petrus neemt *niet geleidelijk* afscheid en laat de reële verschijning van Jezus níet in fasen verbleken. Veeleer breekt hij het rouwproces abrupt af, doordat hij in de plaats van de gestorven Jezus een levensecht, levend beeld van Jezus zet. Dit feit zou men psychoanalytisch zo kunnen verklaren, dat Petrus Jezus onvoorwaardelijk weer levend wilde maken, omdat hij zijn droefheid niet meer kon uithouden. *We stoten hier op hetzelfde probleem als later bij de behandeling van de bekering van Paulus.* Hier doet zich echter de vraag voor, of deze verklaring recht doet aan het gebeuren. Om die vraag te beantwoorden, willen we te rade gaan bij enkele andere publikaties over het rouwen:

Bij onderzoek aan de Harvard University over rouwprocessen en het daarmee verbonden smartelijk verlies[80] stelde men vast dat er drie factoren zijn, die een rouwproces bij achtergeblevenen *bemoeilijken*: 1. een plotselinge dood; 2. een relatie tot de overledene, die gekenmerkt wordt door een 'dubbelheid'; 3. een relatie van afhankelijkheid.

Toegepast op de situatie van Petrus en de discipelen kan worden vastgesteld dat alle drie de factoren die het rouwproces bemoeilijken hier aanwezig zijn: 1. De kruisiging van Jezus gebeurde onvoorzien en plotseling; 2. de relatie van de discipelen ten opzichte van Jezus was 'dubbel' en werd bepaald door schuldgevoelens: Judas verried Jezus en pleegde aansluitend zelfmoord. Petrus verloochende Jezus en huilde bittere tranen; 3. een afhankelijke relatie van de discipelen ten opzichte van Jezus kan worden afgeleid uit het feit dat de meesten hun beroep en hun woonstee verlieten, om met hem mee te trekken. De afhankelijkheid werd wellicht nog versterkt door de omstandigheid dat de aanhangers van Jezus een kleine religieuze groep vormden, die zich uit zijn oorspronkelijke sociale structuren had losgemaakt en zich daarmee in feite van de buitenwereld had afgeschermd. Jezus was voor hen *alles*.

De door de drie genoemde factoren bemoeilijkte rouw werd bij Petrus zeer sterk op de proef gesteld door een 'zien'. De rouw leidde eerst tot een werkelijk, diep verstaan van Jezus, en dit leidde vervolgens weer tot een nieuw verstaan van de rouwsituatie. Herinneringen aan hoe Jezus was geweest, *leidden tot het inzicht van wie Jezus* is. *In het 'zien' van Jezus was daarmee al een lange rij van theologische consequenties inbegrepen.*

De verschijning aan de Twaalf

Paulus noemt in 1 Kor. 15:5 de verschijning aan de Twaalf als het tweede 'zien' van de opgestane Christus, na het eerste 'zien' door Petrus. De verhouding tussen de beide verschijningen onderling kan op twee manieren worden beschreven:

1. De stelling dat de beide verschijningen op één terug-

gaan, veronderstelt dat Paulus een oorspronkelijk 'Kefas en de Twaalf' heeft veranderd in 'Kefas, dan de Twaalf', en wel met het oog op de andere verschijningen, die hij van plan was in volgorde aan te halen. Maar een dergelijke opvatting is niet waarschijnlijk.

2. Voor de veronderstelling dat de verschijning aan Petrus een individuele verschijning (dus zonder de Twaalf) was, pleiten de woordkeus van 1 Kor. 15:5 en het al genoemde terugdringen van de traditie volgens welke de eerste verschijning Petrus betrof. Het is dan ook tamelijk zeker, dat de verschijning aan de Twaalf niet identiek is met die aan Petrus.

Maar van de verschijning aan de Twaalf bestaat in het Nieuwe Testament geen eigen uitdrukkelijk verslag, tenzij dat men delen van Luc. 24 of Joh. 20 daarmee in verband brengt. *Daarmee ligt echter — historisch gezien — de opstandingsverschijning aan de Twaalf discipelen volkomen in het duister.*

De verschijning aan de meer dan vijfhonderd broeders

De historische kern achter Hand. 2:1-13

Al eerder (zie p. 27vv) werd aangeduid dat de verschijning aan de meer dan vijfhonderd broeders een soort stichtingslegende van de christelijke gemeente zou kunnen zijn en wellicht tot de historisch achter Hand. 2 liggende gebeurtenis (= Pinksteren) kan worden herleid. Dit vermoeden is niet nieuw[81],maar het is wegens 'ontoereikende bewijzen' tot nu toe niet algemeen aanvaard. Naar mijn mening kan men er niet omheen deze stelling opnieuw ter discussie te stellen. Een belangrijk aanknopingspunt daarvoor biedt de volgende overweging: De vermelding van deze opstandingsverschijning in 1 Kor. 15 toont dat ze in ruime kring bekend was. Het is dan echter zeer onwaarschijnlijk dat er van een dergelijk gebeuren voor meer dan vijfhonderd mensen geen spoor meer is overgebleven. Bovendien onderstreept Paulus dat bij de betrokkenen, van wie er slechts enkelen gestorven zijn, navraag kan worden gedaan. Hij veronderstelt dus dat ze een getuigenfunctie hadden, die ook voor de Christenen in Korinthe van grote betekenis was. Dit pleit voor de algemene betekenis van dit gebeuren in het vroege christendom.

Hieronder willen we de tekst van Hand. 2:1-13 dan ook onderzoeken om na te gaan of daarachter de historische opstandingsverschijning 'aan meer dan vijfhonderd broeders' schuilgaat:

1: En toen de Pinksterdag gekomen was, waren ze allen op één plaats bijeen.
2: En plotseling kwam van de hemel een geraas alsof er een hevige wind opstak, en het vulde het hele huis waarin ze waren.
3: En er verschenen aan hen tongen als van vuur, die zich verdeelden; en het zette zich op ieder van hen.
4: En ze werden allen vervuld van de heilige Geest en begonnen te verkondigen in andere tongen, zoals de Geest het hun gaf uit te spreken.
5: Maar er woonden in Jeruzalem Joden, godvruchtige mannen uit alle volken onder de hemel.
6: Toen nu dit geraas plaatsvond, kwam de menigte tesamen en stond versteld; want ieder hoorde in zijn eigen taal spreken.
7: Maar ze waren buiten zichzelf, verwonderden zich en zeiden: Zie, zijn al deze mensen, die daar spreken, uit Galilea?
8: En hoe horen we dan ieder in onze eigen taal?
9: Parthen en Meden en Elamieten en inwoners van Mesopotamië en Judea, Cappadocië, Pontus en de provincie Asia,
10: Frygië en Pamfylië, Egypte en de omgeving van Cyrene in Lybië en immigranten uit Rome,
11: Joden en Jodengenoten, Kretenzen en Arabieren: we horen hen in onze eigen taal spreken over de grote daden van God.

12: Maar ze waren allen buiten zichzelf en geheel met de zaak verlegen en zeiden de een tot de ander: Wat heeft dit te betekenen?

13: Maar anderen zeiden spottend: Ze zitten vol zoete wijn!

Onbevangen gelezen verhaalt de tekst van een wonder waarbij in vreemde talen wordt gesproken tijdens het Pinksterfeest na de dood en opstanding/hemelvaart van Jezus. De concrete aanduiding 'Pinksteren'[82] duidt op een oudere overlevering. Tegelijkertijd geven enige spanningen in de tekst aanleiding om te denken aan al voorhanden traditie-elementen. Want als de formulering uitsluitend van Lucas zelf was geweest, had hij wel gepoogd de ongerijmdheden te vermijden. Daarom komt de vraag op, in hoeverre Lucas deze tekst zelf redactioneel heeft bewerkt en wat hem al ter beschikking stond.

Een belangrijke fase in het verloop van de handeling kan worden vastgesteld na v. 4: het tot dan toe beschreven gebeuren speelt zich af in een huis en beschrijft een 'spreken in tongen'[83]; de volgende verzen, 5-13, schilderen blijkbaar een wonder van spreken in vreemde talen in de open lucht.

Beide delen bevatten veel taalelementen die typisch zijn voor Lucas: het huis als schouwtoneel zou van Lucas afkomstig kunnen zijn, omdat hij dit motief bij voorkeur gebruikt. De wijze van uitdrukken in v. 2v lijkt enigszins op die van de Godsopenbaring op de Sinaï (vgl. Ex. 19:16-19; Deut. 4:11-12) V. 3 roept de herinnering op aan Num. 11:25; Lucas imiteert ook elders graag het Griekse Oude Testament. Zijn stijl zou verder te herkennen zijn in het zevenmalig 'en', dat een functie vervult in de verslaggeving. Voorts pleit de hierna volgende parallellisering voor een bewerking door Lucas:

V. 2
En plotseling kwam van de hemel een geraas alsof er een hevige wind opstak, en het vulde het hele huis waarin ze waren.

V. 3
En er verschenen aan hen tongen als van vuur, die zich verdeelden; en het zette zich op ieder van hen.

In het tweede deel (v. 5-13) vertraagt de opsomming van de in Jeruzalem aanwezige vreemdelingen in v. 9-11 de loop van de gedachtengang; die gaat wegens de vele details en doordat hij het karakter van een lijst heeft, ongetwijfeld terug op één bron. Omdat deze tekst zowel naar inhoud als naar taal goed in v. 5-13 is ingebed, zou deze hele perikoop door Lucas kunnen zijn geformuleerd, waarbij het 'en' van de vorige verzen 1-4 nu door een herhaald 'maar' (v. 5, 6, 7, 12, 13) wordt vervangen.

Andere aanwijzingen versterken de indruk dat de compositie van de hand van Lucas is: de verzen 2-4 kunnen zelfstandig bestaan, terwijl de volgende verzen in de aanwijzende voornaamwoorden v. 6a (*dit* geraas) en v. 7b (al *deze*) hetfragment van 1-4 veronderstellen.

Het verwijt van dronkemanspraat, resp. lallen in v. 13 ten slotte past op de plaats waar het staat helemaal niet bij de wonderbare gave om in verstaanbare vreemde talen te spreken; het zal oorspronkelijk wel de afsluiting van v. 1-4 zijn geweest. Want de uitspraak in v. 4, dat de discipelen in *andere* tongen (= vreemde talen) spraken, lijkt op Lucas zelf terug te gaan. Schrapt men dit ene woord evenwel, dan verschijnt achter het wonder van het spreken in vreemde talen, zoals het hier beschreven wordt, een spreken in tongen (= onverstaanbaar gebrabbel), dat overeenkomst vertoont met hetgeen in 1 Kor. 14 wordt beschreven.

De in v. 1-4 bewaarde traditie, die blijkbaar behoort bij de concrete tijdsaanduiding 'Pinksteren', spreekt dus oorspronkelijk van een extatische belevenis van de volgelingen van Jezus in Jeruzalem, en pas Lucas heeft dit geïnterpreteerd in de zin van een spreken in vreemde talen.

Nu doet zich de vraag voor, wat er op Pinksteren is gebeurd. Dat daarbij het spreken in 'tongen' een centrale rol toekomt, is duidelijk.

Misschien laat de vraag zich beantwoorden door eens te kijken naar het door Paulus zelf beschreven fenomeen van het spreken in tongen: Hij beweert van zichzelf in 1 Kor. 14:18 meer in tongen te spreken dan de Korinthiërs, en lijkt in 1 Thess. 5:19 ('dooft de Geest niet uit!')[84] zijn gemeente tot een dergelijk spreken aan te moedigen.

Nu gaat het bij het spreken in tongen in het algemeen om onverstaanbaar extatisch spreken — in het wereldbeeld van Paulus: de taal van de engelen (1 Kor 13:1, vgl. 2 Kor. 12:4)— waarop 1 Kor. 14 een aanschouwelijk commentaar levert: spreken in tongen is onverstaanbaar spreken (v. 2, 16, 23), dat echter vertaald kan worden en dan een stichtende (v. 4v, 26) en onderrichtende (v. 19) inhoud heeft. Ofwel vertaalt degene die in tongen spreekt zelf (v. 13), óf een ander gemeentelid, daartoe uitgenodigd, doet dat (v. 27).

Een dergelijke gang van zaken is in Jeruzalem heel wel denkbaar en het spreken in tongen, waarover de achter Hand. 2:1-4, 13 staande traditie verhaalt, is historisch alleszins plausibel. Waarschijnlijk vond deze gebeurtenis plaats na het Pascha dat aan de dood van Jezus voorafging en zou identiek kunnen zijn met de verschijning aan meer dan vijfhonderd broeders (1 Kor. 15:6). Het getal 'vijfhonderd' kan worden opgevat als 'een reusachtig aantal'.[85] Wie zou dat hebben kunnen natellen?

De hierboven geponeerde stelling, dat de verschijning aan meer dan vijfhonderd broeders identiek is met de in Hand. 2 beschreven gebeurtenis, zou daarmee enigszins onderbouwd kunnen zijn. Het gaat daarbij om een enthousiaste belevenis van een grote menigte mensen, die werd opgevat als een ontmoeting met Christus. Gezien het ongewone karakter van een dergelijke gebeurtenis is het heel goed mogelijk dat daarmee inderdaad, zoals Lucas het schildert, het geboorteuur van de kerk kan worden aangeduid. Als locatie komt Jeruzalem daarvoor dan in aanmerking, omdat vooral hier de voorwaarden voor een bijeenzijn van zoveel mensen — bijvoorbeeld bij een feest —aanwezig waren.

De verschijning aan de meer dan vijfhonderd broeders — een massapsychose

Hoe moet men zich een dergelijke verschijning aan 'meer dan vijfhonderd broeders' concreet voorstellen? Aanwijzingen voor een historische context, zoals die bij Petrus en Paulus met betrekking tot hun verleden als hulp bij het verstaan van de verschijning voorhanden zijn, ontbreken in dit geval. Misschien kan een uitstapje naar het terrein van de massapsychologie ons verder helpen.

Gustav Le Bon[86] kwam negentig jaar geleden tot de volgendeconclusie: Mensen onderscheiden zich van elkaar *vooral* in hun intelligentie, hun moraal, hun ideeën, en *het minst* in hun dierlijke instincten en emoties. Daarom wordt de macht van de massa groter, naarmate de individuen in die massa meer op elkaar gaan lijken, waarbij ze hun individualiteit terugdringen. Ze bezitten dan een soort gemeenschapsziel, waarin het vermogen tot kritisch denken en de persoonlijkheid van de individuen worden weggewist en de onbewuste eigenschappen de overhand krijgen (p. 13v). Le Bon vervolgt: 'De massa's bevinden zich ongeveer in de situatie van iemand die slaapt, wiens vermogen tot kritisch denken tijdelijk is opgeheven, zodat in zijn geest beelden van uitzonderlijke hevigheid kunnen opkomen, die evenwel snel vervluchtigen, wanneer er weer sprake is van kritisch denken' (p. 43). Alles wat de fantasie van de massa's prikkelt, doet zich voor in de vorm van een pakkend, helder beeld, dat geen enkele vorm van verklaring behoeft (p. 44). Men kan in zo'n geval welhaast van een 'besmetting' spreken: de leden van de massa steken elkaar aan.[87]

Le Bon haalt het volgende aanschouwelijke voorbeeld aan voor een dergelijke aanstekelijke invloed: 'Voordat de heilige Georg aan alle kruisvaarders op de muren van Jeruzalem verscheen, was hij ongetwijfeld eerst alleen door één van hen waargenomen. Door beïnvloeding en overdracht werd het gemelde wonder direct door allen overgenomen. Zo voltrekt zich het proces van collectieve hallucinaties, die in de geschiedenis zo vaak voorkomen en klassieke kenmerken van echtheid lijken te hebben, omdat het gaat om verschijningen, die door duizenden mensen werden vastgesteld.' (p. 23v).

Het gaat bij dergelijke massa-fenomenen om psychische processen; over de betekenis en het waarheidsgehalte ervan is daarmee overigens nog niets gezegd. Zoals bijvoorbeeld Gods Woord zich in menselijk spreken kan manifesteren, zonder daarin op te gaan, zo kan ook een psychisch gebeuren bij een mens de locatie van een verschijning van een goddelijke geest zijn. Geschiedenis, psychologie en theologie houden verband met elkaar, omdat ze zich bezighouden met verschillende aspecten van de ene werkelijkheid, maar de een kan niet in mindering op de ander gebracht worden. Ons gaat het nu in eerste instantie om het historisch aspect.

Wat op Pinksteren gebeurde

De verschijning aan 'meer dan vijfhonderd' als historisch fenomeen laat zich plausibel verklaren als een massa-extase, die plaatsvond in de begintijd van de christelijke gemeente. Uit massapsychologisch oogpunt kunnen degenen bij wie een dergelijke extase begonnen is, individuele personen geweest zijn — of zelfs één enkele persoon. Dat zou heel goed passen bij hetgeen we tot nu toe betoogd hebben, waarbij ten minste één eerste verschijning aan Petrus (en de Twaalf) had plaatsgevonden: Petrus had de gekruisigde Jezus in levende lijve gezien (evenals de Twaalf). Ze vertelden daarover bijvoorbeeld ook tijdens het eerstvolgende grote feest (na het Pascha, het feest waarop Jezus stierf) in Jeruzalem, het joodse Wekenfeest (= Pinksteren), waarop veel pelgrims bijeen waren om het feest te vieren. Een dergelijk feest maakt immers de verschijning aan een groter aantal mensen mogelijk.

Deze prediking en algemene herinneringen aan Jezus leidden tot een religieuze roes en een enthousiasme, die als een tegenwoordig zijn van Jezus werden ervaren, en wel als presentie van de Opgestane, zoals hij Petrus al had ontmoet. De verschijning aan de 'meer dan vijfhonderd', waarbij ook degenen waren die al een visioen hadden ontvangen, bundelde en bevestigde alle individuele verschijningen die tot dan toe hadden plaatsgevonden en verleende de groep daarmee een stuwkracht zonder weerga.[88]

Lucas heeft hierover vervolgens in retrospectief — historisch heel juist — als over het 'geboorteuur van de kerk' gesproken en — theologisch gezien al evenzeer terecht — de extase geïnterpreteerd als het vermogen, om verstaanbaar in vreemde talen te spreken. Want de door Jezus verkondigde boodschap ging alle mensen aan. Als men in extase en roes was gebléven, zou het christendom geen overlevingskans hebben gehad en zich niet hebben kunnen handhaven. Het zou echter ook, theologisch gesproken, niet trouw zijn gebleven aan zijn opdracht: Gods heilzaam woord aan de mensen verkondigen in verstaanbare taal.

Dat de gebeurtenissen alleen zo en niet anders hun verloop moeten hebben gehad, zullen we niet beweren. Maar wel geloven we dat bovenstaande overwegingen kunnen leiden tot een beeld van hetgeen gebeurd is, dat recht doet aan de bronnen en de conclusies die daaruit kunnen worden afgeleid.

De verschijning aan Jacobus (en aan alle apostelen)[89]

Behalve bij Paulus in de Eerste brief aan de Korinthiërs wordt nergens in het Nieuwe Testament melding gemaakt van een verschijning van de Opgestane aan zijn broer Jacobus. Wél wordt ze beschreven in het evangelie van de Hebreeën[90], als volgt:

> 'Toen de Heer het linnen kleed aan de knecht van de priester had gegeven, ging hij naar Jacobus en verscheen aan hem. Jacobus nu had gezworen dat hij geen brood zou eten totdat hij hem zou zien opstaan uit de doden. En kort daarop zei de Heer: Breng een tafel en brood! Hij nam het brood, zegende het, brak het en gaf het aan Jacobus, de Rechtvaardige, en zei tegen hem: Mijn broeder, eet je brood, want de Mensenzoon is uit de doden opgestaan.'[91]

De tekst bevat de volgende bijzonderheden betreffende de persoon Jacobus: a) Jacobus is de eerste opstandingsgetuige; b) Jacobus behoorde al *voor* Pasen tot de gemeente; c) centraal punt van de tekst is de opheffing van een door Jacobus afgelegde gelofte en niet de realiteit van de opstanding van Jezus, resp. een verschijning van Christus. Wellicht is daarbij de gelofte een analogievorming van de belofte van Petrus om met zijn Heer in de dood te gaan (Marc. 14:31). Door de vermelding dat Jacobus zijn gelofte wél hield, terwijl Petrus hem, zoals bekend, gebroken heeft, zou nadrukkelijk worden gesteld dat Jacobus de eerste getuige is geweest. d) Van een *directe* rivaliteit jegens de andere apostelen of Petrus is overigens in de tekst ondanks c) weinig te bespeuren; noch Petrus noch de andere discipelen worden vermeld.

De hierboven geciteerde tekst is al een heel stuk verwijderd van de historische werkelijkheid: Jacobus (niet Jezus) staat in het middelpunt, en het feit dat hij ten tijde van Jezus' leven niet tot de kring van de discipelen hoorde, is vergeten.

Bovendien is het bericht pas laat gedocumenteerd. Er ligt een nieuwtestamentische avondmaalstraditie aan ten grondslag, die is omgezet in een persoonslegende ter verheerlijking van Jacobus. De tekst bevat, behalve het simpele feit van de verschijning van Jezus aan Jacobus, geen enkele betrouwbare informatie. Het diende de vereerders van Jacobus in de tweede en derde generatie om te betogen en vol te houden dat Jacobus de eerste was aan wie Jezus verscheen, en niet Kefas/Petrus.[92]

Uit een en ander volgt: Het verhaal uit het evangelie van de Hebreeën is op basis van de al voorhanden tradities van verschijningen achteraf geschreven en gaat zeker niet terug tot Jacobus, die verslag doet, of zijn onmiddellijke aanhangers. Het is uitsluitend een literair produkt en houdt geen verband met het eigenlijke, historische 'zien' door Jacobus.

Over de historische achtergronden van dit individuele visioen, die een soort bekering van Jacobus moet hebben aangeduid, zijn slechts vage vermoedens mogelijk. Op grond van 1 Kor. 15:7 staat vast, dat Jacobus zijn broer 'gezien' heeft. Dat kan echter in eerste instantie heel goed in het kader van de meer dan vijfhonderd broeders zijn geweest, waarop dan eventueel nog een verschijning aan hem alleen volgde. Opgemerkt moet worden, dat Jacobus ten tijde van Jezus' leven geen religieuze binding met zijn broer had. De voorwaarden voor een visioen waren daarom *anders* dan bij Petrus. Dat Jacobus later leider van de oergemeente werd, heeft meer met zijn familieverwantschap te maken, want in de Oudheid werd het doen en laten in belangrijke mate bepaald door familiepolitiek. Daarom werd Symeon, ook een familielid van Jezus, later opvolger van Jacobus op de 'Jeruzalemse bisschopsstoel' (vgl.p. 64).[93]

De verschijning aan Paulus

Paulus zelf beschrijft nergens concreet hoe hij de verschijning van de opgewekte Jezus werkelijk heeft beleefd. Hij veronderstelt wat hem eens, op de weg naar Damascus, was overkomen, als bekend. Pas door deze verschijning kreeg hij de opdracht tot zending onder de heidenen en werd zo voor eens en altijd in zijn handelen gelegitimeerd.

In de volgende teksten vermeldt Paulus zijn Christuservaring: 1 Kor. 9:1; Gal. 1:15v; Fil. 3:8; 2 Kor. 4:6. We zullen die teksten uit de brieven van Paulus in deze volgorde behandelen. Daarbij gaan we ervan uit, dat in deze terugblikken van Paulus enkele kenmerken van het gebeuren in kaart kunnen worden gebracht, ondanks het feit dat er meer dan twintig jaar ligt tussen het gebeuren zelf en het terugblikken daarop door Paulus, en ondanks de actuele problemen in de gemeenten, die de uitspraken over zijn bekering nog extra hebben kunnen beïnvloed.

1 *Kor.* 9:1

Paulus spreekt in 1 Kor. 9:1 over het feit dat hij Jezus *gezien* heeft (vgl. Joh. 20:18, 25).

> 1: Ben ik niet vrij? Ben ik niet een apostel? Heb ik niet Jezus, onze Heer, gezien? Zijn jullie niet mijn werk in de Heer?

Hij gebruikt in dit vers een actieve vorm van '*zien*'. Hij beschrijft dus dezelfde toedracht als in 1 Kor. 15:8 als een eigen *actieve zintuiglijke waarneming*, zonder op mogelijke verschijnings- resp. legitimatieformules terug te grijpen. Paulus handhaaft daarmee de *zichtbaarheid* van het in 1 Kor. 15:8 vermelde fenomeen. 1 Kor. 9:1 is dan de *actieve waarneming van Jezus*, waarvan de verschijning in 1 Kor. 15:8 de premisse is.

Naar mijn mening is het zeker dat de apostel *hier* denkt aan een 'zien' van Jezus in zijn opstandings-lijfelijkheid. Anders zou moeilijk te begrijpen zijn waarom Paulus zich voor de zekerheid van de *lichamelijke* opstanding op '*zien*' (1 Kor. 15:4vv) kon beroepen. In welke relatie dit nieuwe lichaam staat tot het oude menselijke lichaam, blijft een vraag. Van belang is slechts, dat Paulus de beide lichamen niet gelijkstelt. Daarom spreekt hij in 1 Kor. 15:35-49 over een *toekomstig* opstandingslichaam van de Christenen. Zo kan Paulus ook een (veranderd) opstandingslichaam van Jezus hebben aangenomen, temeer omdat voor Paulus geldt: zo Christus, zo ook de Christenen (vgl. 1 Kor. 15:49; Fil. 3:21)

Gal. 1:15v

In de Brief aan de Galaten gebruikt Paulus ter beschrijving van dezelfde verschijning een ander werkwoord. In Gal. 1:15v schrijft hij:

> 15: Maar toen het Hem, die mij van de schoot van mijn moeder aan afgezonderd en door zijn genade geroepen heeft, behaagd had,
> 16: dat Hij zijn zoon in mij openbaarde, opdat ik hem door het evangelie zou verkondigen onder de heidenen,...

Dus heeft *God* als handelende in/aan Paulus zijn zoon '*geopenbaard*'. Deze uitspraak zou kunnen wijzen op een *bepaalde* gebeurtenis. Daarbij maakt v. 12 ('Want ik heb het niet van een mens ontvangen of geleerd, maar door een openbaring van Jezus Christus') in verbinding met v. 16 duidelijk dat de inhoud van het gebeuren een openbaring was, die Christus óf tot voorwerp óf tot handelende persoon had. In ieder geval past het motief van de openbaring bij het zien in 1 Kor. 9:1 en bij de premisse van dat vers, de verschijning in 1 Kor. 15:8.

Daarbij sluiten de begrippen 'openbaring' en 'verschijning'. resp. 'zien' elkaar niet uit. 'Openbaring' betekent een ervaring in *religieus* opzicht als direct van God komend, 'verschijning' beschrijft haar in *ruimtelijk* opzicht. Door de wisseling in de woordkeus onderstreept Paulus *verschillende aspecten van dezelfde zaak*.

Fil. 3:8

In Fil. 3:8 spreekt Paulus opnieuw over zijn 'verschijningservaring':

> 7: Maar alles wat mij winst was, heb ik om Christus' wil schade geacht.

yvworws

> 8: Ja, ik acht zelfs alles schade, omdat de kennis van Christus Jezus, mijn Heer, dat alles te boven gaat. Om zijnentwil heb ik dit alles prijs gegeven en beschouw het als vuilnis, opdat ik Christus moge winnen...

De apostel spreekt hier van de 'kennis' van Christus, die hem ertoe gebracht heeft zijn leven tot nu toe als 'vuilnis' te beschouwen. De hele perikoop (v. 2-11) is sterk polemisch. Paulus onderstreept, evenals hij dat al in Gal. 1:13v gedaan had, zijn onberispelijke levenswandel als Jood (v. 4-6) en onderscheidt daarvan de hem door de kennis van Christus geopende weg naar gerechtigheid uit het geloof (v. 9). Hier is dus opnieuw sprake van een theologische interpretatie van de verschijning van Christus bij Damascus, en hebben we slechts een karige beschrijving van dat wat indertijd *werkelijk* gebeurde. Historisch gezien klopt het dus niet, zoals vaak wordt beweerd, dat het visionaire element in Fil. 3 zou ontbreken. De vraag, die met het oog op het historisch kader moet worden gesteld is toch, of het op andere plaatsen beschreven visionaire element van de openbaring hier wordt *uitgesloten*. Daar kan echter geen sprake van zijn: 1 Kor. 9:1 (Paulus ziet de opgestane Jezus) verklaart hoe de polemische uitspraken van Fil. 3:4vv historisch kunnen worden verstaan.

2 *Kor.* 4:6

Tenslotte bevindt zich in 2 Kor. 4;6 nog een mogelijke verwijzing naar de verschijning van Christus aan Paulus:

> 6: Want de God, die gesproken heeft: Licht schijne uit het duister, heeft een helder licht doen schijnen in onze harten, opdat door ons zou ontstaan de verlichting tot kennis van de heerlijkheid van God in het aangezicht van Christus.

Als deze tekst betrekking zou hebben op de bekering — wat

onzeker is, dat geven we toe –, dan zou het waarschijnlijk zijn, dat Paulus bij zijn bekering Christus in een lichtende gestalte heeft gezien. Dit zou passen bij de uiteenzettingen in 1 Kor. 15:49 over de hemelse mens ('zoals wij gedragen hebben het beeld van het aardse, zo zullen wij ook dragen het beeld van het hemelse'). Paulus zou dan zijn 'zien' van Christus parallelliseren met het lichtworden op de scheppingsmorgen, om uitdrukking te geven aan wat hem is wedervaren.

'Jezus verscheen aan Paulus' betekent dus concreet: Paulus heeft de opgestane Jezus in zijn heerlijkheid gezien, waarbij een innerlijk 'zien' niet met het 'uitwendig' zien in strijd hoeft te zijn. Dit 'zien' werd als een buitengewoon gebeuren en als openbaring ervaren. Dit wordt uitgedrukt door het 'lichtkarakter' van het gebeuren. Evenals het visioen van de ziener Johannes (Openb. 1:10) voltrok het zich in de geest, d.w.z. in verrukking/extase.[94] Daarin sloten 'zien' en 'horen' elkaar niet uit.

Tot zover onze voorlopige beschrijving van de verschijning aan Paulus. Op grond van de op p. 114 vastgestelde gelijkstelling van alle personen, die volgens de andere tradities in 1 Kor. 15:3vv een verschijning van de Opgestane hebben ontvangen, betekent dat: *Ook de daar genoemde personen hebben de opgestane Jezus gezien.*

De opstandingsverschijning aan Paulus volgens Hand. 9; 22; 26

Niet alleen in de brieven van Paulus wordt de verschijning aan Paulus vermeld. Ook in de Handelingen der apostelen staan passages die tamelijk uitvoerig over deze verschijning, die voor Paulus tot een bekeringservaring werd, berichten. Maar bij het gebruik van dit materiaal ter verklaring van de gebeurtenissen moet men heel kritisch te werk gaan.

Het boek Handelingen der apostelen ontstond relatief laat (omstreeks 90). De auteur ervan, dezelfde als de auteur van het evangelie van Lucas, onderstreept de continuïteit tussen het begin in het Palestijnse joden-christendom en de eigen heiden-christelijke gemeentesituatie. Hij geeft dan ook een heilshistorisch georiënteerde schets, afgestemd op wereldwijde zending onder de heidenen. Daarbij werden samenhangen verfraaid en gebeurtenissen geharmoniseerd. Desondanks is de historische waarde van de in de Handelingen verwerkte tradities groot. Wil men gebruik maken van de daarin verwerkte tradities, dan is uiteraard wel een zorgvuldige exegetische bestudering noodzakelijk.

In onze context moeten we daarom steeds de brieven van Paulus raadplegen bij het onderzoek naar de uitspraken van Handelingen. Als deze uitspraken door de authentieke getuigenissen van de brieven worden bevestigd, dan zouden we een bredere basis hebben om de verschijning van de Opgestane op de weg naar Damascus nader te bepalen.

Handelingen verhaalt op drie plaatsen over de bekering van Paulus/Saulus.[95] Dat de teksten bij elkaar horen, wordt duidelijk bij een vergelijking. In Hand. 9 (met 8:3) treft men een relaas, in de derde persoon, in Hand. 22 en 26 in de eerste persoon: Paulus houdt in 23:3-16 de tempelrede tot de Joden, in 26:9-18 spreekt hij tot Agrippa, Festus en Bernice.

Hand. (8:3) 9:1-19	*Hand.* 22:4-16	*Hand.* 26:9-18
8:3 En Saulus verwoestte de gemeente, en hij ging het ene huis na het andere binnen,	22:4 Ik heb deze nieuwe leer vervolgd ten dode toe;	26:9 Ik voor mij was tot de slotsom gekomen, dat ik tegen de naam van Jezus, de Nazareeër, fel moest optreden. 10 Dat heb ik in Jeruzalem ook gedaan; daar heb ik vele heiligen in de gevangenis opgesloten
en sleurde mannen en vrouwen mee en wierp ze in de gevangenis.	ik sloeg mannen en vrouwen in de boeien en wierp ze in de gevangenis,	
9:1 Maar Saulus ging nog altijd fel tekeer en dreigde de leerlingen van de Heer met de dood		
	5 zoals ook de hogepriester en alle oudsten van mij kunnen getuigen.	waartoe ik volmacht van de hogepriesters had gekregen; en als ze gedood moesten worden, gaf ik er mijn stem aan. 11 En in alle synagogen dwong ik hen vaak door straffen tot lastering, en in tomeloze woede ging ik tegen hen tekeer, vervolgde hen tot zelfs in de steden in het buitenland.
en ging naar de hoge priester *2* en vroeg van hem brieven naar Damascus voor de synagogen, om, als hij mannen en vrouwen, die aanhangers van de nieuwe weg waren, zou vinden,	Van hen ontving ik ook brieven aan de broeders en reisde naar Damascus, om ook hen, die daar waren,	12 En toen ik nu naar Damascus reisde met volmacht en in opdracht van de hogepriesters,
hen gevangen te nemen en naar Jeruzalem over te brengen.	geboeid naar Jeruzalem te brengen, opdat ze zouden worden gestraft. 6 Maar het gebeurde,	
3 Maar terwijl hij op weg daarheen was, gebeurde het, toen hij Damascus naderde, dat hem plotseling		

Hand. (8:3) 9:1-19	*Hand.* 22:4-16	*Hand.* 26:9-18
	toen ik daarheen trok en in de buurt van Damascus kwam, dat plotseling omstreeks de middag	13 zag ik midden op de dag, o koning, op de weg
licht uit de hemel omstraalde;	een fel licht uit de hemel mij omstraalde.	een licht van de hemel, helderder dan de glans van de zon, dat mij en die met mij waren, omstraalde.
4 en hij viel op de grond en hoorde een stem	7 En ik viel op de grond en hoorde een stem	14 En toen we allen ter aarde vielen, hoorde ik een stem tot mij spreken,
die zei tegen hem:	die sprak tot mij:	die in het Hebreeuws zei:
Saul, Saul, waarom vervolg je mij?	Saul, Saul, waarom vervolg je mij?	Saul, Saul, waarom vervolg je mij? Het zal je zwaar vallen de hiel tegen de prikkels te slaan.
5 En hij zei: Heer, wie bent u? En hij zei: Ik ben Jezus,	8 En ik antwoordde: Heer, wie bent u? En hij sprak tot mij: Ik ben Jezus de Nazareeër,	15 En ik zei: Heer, wie bent u? De Heer sprak:Ik ben Jezus,
die jij vervolgt.	die jij vervolgt.	die jij vervolgt;
7 En de mannen, die met hem reisden, stonden sprakeloos; want ze hoorden wel de stem, maar zagen niemand.	9 Maar die met mij waren, zagen wel het licht, maar de stem van degene die met mij sprak hoorden ze niet. 10 En ik vroeg: Heer, wat moet ik doen? En de Heer sprak tot mij:	
(6 Sta op en ga de stad in; daar zal men je zeggen, wat je moet doen.)	Sta op en ga naar Damascus. Daar zal men je alles zeggen, wat je opgedragen is te doen.	16 kom overeind en sta op je voeten.

Hand. (8:3) 9:1-19	*Hand.* 22:4-16	*Hand.* 26:9-18
8 En Saulus stond op van de grond; en toen hij zijn ogen opsloeg, zag hij niets.	11 En daar ik, wegens de glans van het licht, niet kon zien,	
En ze leidden hem bij de hand en brachten hem naar Damascus; 9 en hij kon drie dagen lang niet zien, en hij at en dronk niet.	werd ik aan de hand geleid door hen, die bij mij waren, en ik kwam te Damascus.	
10 Nu was er een discipel in Damascus	12 Daar was een godvruchtig man, die zich aan de wet hield, Ananias	
genaamd Ananias;	genaamd, die goed bekend stond bij alle Joden, die daar woonden.	
aan hem verscheen de Heer en sprak: Ananias! En hij zei: Hier ben ik, Heer. 11 De Heer sprak tot hem: Sta op en ga de straat in, die de Rechte heet, en vraag in het huis van Judas naar een man met de naam Saulus van Tarsus. Want zie, hij is in gebed 12 en hij heeft in een verschijning een man gezien, die op hem toekwam en de hand op hem legde, zodat hij weer ziende werd.		

Hand. (8:3) 9:1-19	*Hand.* 22:4-16	*Hand.* 26:9-18
13 Maar Ananias antwoordde: Heer, ik heb van velen gehoord over deze man, hoeveel kwaad hij uw heiligen in Jeruzalem heeft aangedaan; 14 en hier heeft hij volmacht van de hogepriesters, om allen gevangen te nemen, die uw naam aanroepen.		
15 Maar de Heer sprak tot hem: Ga heen; want deze is mijn uitverkoren werktuig,	*(14 Maar hij sprak: De God van onze vaderen heeft jou uitgekozen om zijn wil te leren kennen en de Rechtvaardige te zien en een stem uit zijn mond te horen:*	Want daartoe ben ik jou verschenen, om je uit te kiezen als dienaar
	15 want jij zult voor hem voor alle mensen getuige zijn van datgene wat je hebt gezien en gehoord.)	en om te getuigen van datgene, wat je van mij hebt gezien en wat ik je nog zal laten zien. 17 En ik wil je redden van je volk en
om mijn naam uit te dragen aan heidenen en koningen en het volk Israël.		van de heidenen, tot wie ik je zend, 18 om hun ogen te openen, zodat ze zich bekeren van de duisternis tot het licht en van de macht van de satan tot God. Zo zullen zij vergeving van de zonden ontvangen en het erfdeel, samen met hen die geheiligd zijn door het geloof in mij.

Hand. (8:3) 9:1-19	*Hand.* 22:4-16	*Hand.* 26:9-18
16 Ik zal hem tonen, hoeveel hij lijden moet terwille van mijn naam.		
17 En Ananias ging heen en kwam in het huis en legde de handen op hem en sprak: Saul, broeder,	13 Hij kwam tot mij en ging voor me staan	
de Heer heeft mij gestuurd, Jezus, die jou op de weg naar hier is verschenen,	en zei tegen mij: Saul, broeder,	
opdat je weer kunt zien en met de heilige Geest vervuld wordt.	word weer ziende.	
18 En meteen vielen hem als het ware de schubben	En op hetzelfde uur	
van zijn ogen, en hij werd weer ziende,	kon ik hem zien.	
	16 En nu, wat aarzel je nog?	
stond op,	Sta op en roep zijn naam aan	
liet zich dopen,	en laat je dopen	
19 en nam voedsel tot zich en kwam weer op krachten.	en je zonden afwassen.	

De drie teksten verhalen alle, dat Saulus de Christenen heeft gevangen genomen (Hand. 8:3; 22:4; 26:9-11); in Hand. 26 wordt deze uitspraak nog versterkt: de vervolgingsacties van Saulus worden uitgebreid tot verre steden (26:11b). In alle teksten is telkens sprake van brieven, die Saulus aan de hogepriester heeft gevraagd (9:2), resp. heeft gekregen (22:5b; 26:12), om ook in Damascus Christenen te kunnen vervolgen.

De eigenlijke verschijning wordt in 9:3-9; 22:6-11 en 26:12-16*a* vermeld. Wij gebruiken Hand. 9 als hoofdtekst ter vergelijking met de andere teksten, omdat deze het uitvoerigst is:

9:1-2 vormt de inleiding op de beschrijving van de verschijning. Na zijn deelname aan de steniging van Stefanus

(7:58; 8:1a) en de daarop aansluitende succesvolle christenvervolging (8:3) — beide episoden zijn van de hand van Lucas — wil Saulus zijn 'christenjacht' geografisch uitbreiden. Op de weg naar Damascus vindt dan de verschijning van Christus plaats. Daarmee is op knappe wijze een contrast tussen de ijverige christenvervolger en de bekeerde geschapen.

9:3 komt in woordkeus overeen met 22:6. Het vers heeft evenwel geen tijdsaanduiding, terwijl 22:6 spreekt van 'omstreeks de middag' en 26:13 luidt ongeveer gelijk: 'midden op de dag'. De inleiding in v. 3a ('toen hij op weg was') gaat terug op Lucas, die in Hand. 10:9; Luc. 18:35; 19:29 op soortgelijke wijze een episode inleidt.

De verschijning aan Saulus wordt in alle drie de teksten aangeduid met 'licht'. In 26:13 is opnieuw een versterking aangebracht (vandaar ook de vermelding van de middagtijd): het licht is helderder geweest dan de zonneglans. In 9:2 en 22:6 omstraalt het licht (alleen) Saulus, in 26:13 Saulus en zijn begeleiders. In 9:3 en 22:6 wordt verteld dat de verschijning 'plotseling' gebeurde.

De verzen 4*b*-6 kunnen worden opgevat als verschijningsgesprek, dat in de drie verslagen van de bekering van Saulus nog voorkomt in 22:7-10/26:14-16 en parallellen heeft in het Oude Testament: Gen. 31:11-13; 11:13; 46:2v; Ex. 3:2-10. De oudtestamentische 'verschijningsgesprekken' zijn telkens drieledig van opbouw:

1. het aangesproken, resp. geroepen worden,
2. het antwoord,
3. het zich voorstellen van degene die aanspreekt en daaropvolgend de opdracht.

Het is waarschijnlijk dat deze vorm hier door Lucas wordt *geïmiteerd*: hij gebruikt de drieledige vorm ook elders. Dat ze daadwerkelijk van Lucas stamt, wordt ondersteund door twee nadere overwegingen: 1. V. 4b-6 zijn onontbeerlijk voor de handeling; 2. Lucas heeft een voorliefde om scènes vorm te geven door dialogen.

Volgens 9:4 en 22:7 valt Saulus op de grond, in 26:14 ook zijn begeleiders. De drie verhalen komen alle hierin overeen, dat Saulus een stem hoort, die tegen hem zegt: 'Saul, Saul, waarom vervolg je mij?' Deze verdubbeling gaat terug op Lucas en heeft een analogie in de wijze waarop de discipelen Jezus aanspreken ('Meester, meester, wij vergaan!') in Luc. 8:24 (anders dan bij Marcus), en in 10:41 en 22:31.

26:14 biedt daarentegen twee interessante aanvullingen: 1. De stem spreekt in het Hebreeuws; 2. De vraag aan Saulus, waarom hij de spreker vervolgt, wordt aangevuld met een vaststelling ('Het zal je zwaar vallen je hiel tegen de prikkels te slaan'). Deze beide aanvullingen zijn typische uitbreidingen van Lucas. De *eerste* toevoeging (het spreken in het Hebreeuws) moet de lezer van de Handelingen de *Hebreeuwse* naamsvorm 'Saul' verklaren, die in alle drie de versies voorkomt. Bij het Hebreeuws past dan weliswaar slecht, dat in de *tweede* toevoeging de vervolgde een *Grieks* spreekwoord citeert. Hier spreekt in werkelijkheid de auteur Lucas, die enerzijds inhoudelijk tot uitdrukking wil brengen, dat Saulus volkomen aan Jezus is overgeleverd, en anderzijds zijn eigen belezenheid wil laten uitkomen.

9:5 komt bijna volledig overeen met de parallellen in 22:8 en26:15.

9:6 strookt met 22:10. 26:16 bevat daarentegen slechts een bevel om op te staan en beschrijft direct de eigenlijke opdracht tot verkondiging aan Saulus, wat door de parallelversies pas later gebracht wordt (in 9:15 en 22:15). Voor de volgende verzen kunnen derhalve slechts 9:7-9 en 22:9-11 met elkaar worden vergeleken.

De uitspraak in 9:7, dat de medereizigers de stem hoorden, maar niet het licht zagen, staat *in tegenstelling* tot v. 22:9, waar precies het omgekeerde wordt gemeld, namelijk dat de begeleiders wel het licht zagen, maar de stem niet hoorden.

9:8 strookt met 22:11.

9:9 heeft een parallel in 22. De opmerking dat Saulus *drie dagen* niet heeft kunnen zien en niets gegeten en gedronken heeft, is wellicht een toevoeging. In ieder geval is 'drie' een symbolisch getal, behorend bij de stijl van Lucas.

In 9:10-17 wordt een Christusvisioen van Ananias als inleidend verhaal op zijn latere ontmoeting met Saulus geschilderd. Voor Lucas is een visioen als kennisgeving van goddelijke beslissingen een belangrijk literair middel (vgl. bijvoorbeeld Hand. 10v; 16:9v; 18:9v). Het opvoeren van Ananias gebeurt daarbij in de taal van Lucas (vgl. Luc. 10:38; 16:20; Hand. 5:1; 8:9; 10:1 en elders).

In Hand. 22:12 wordt Ananias daarentegen in weinig woorden voorgesteld. In onmiddellijke aansluiting daarop vindt de genezing van Saulus plaats (v. 13), die in hoofdstuk 9 pas later, in v. 17, wordt verteld. Het opvoeren van Ananias in 22:12 zonder nadere uitleg van de voorgeschiedenis is abrupt en verhaaltechnisch alleen mogelijk, omdat de lezers al in hoofdstuk 9 iets over hem hebben vernomen. Hoofdstuk 22 verwijst dus naar hoofdstuk 9. Hoofdstuk 26 continueert de verkorting van het relaas en laat de episode met Ananias geheel achterwege.

Evenals in het voorafgaande relaas over Filippus en de Ethiopische eunuch (8:26-40) en het verhaal over Cornelius (Hand. 10) worden hier in 9:10-16 de handelingen van twee personen met elkaar verweven door verschijningen. Het zal dan ook duidelijk zijn, dat de gang van zaken in deze perikoop van de Handelingen beschreven wordt als in toenemende mate bepaald door goddelijke ingrepen. De genoemde drie verhalen werden door Lucas dus *in de vorm van een overtreffende trap* bijeengebracht.

9:15-16 heeft een parallel in 22:14-15 en 26:16b. Toch vallen accenten van verschil op: 9:15 spreekt over Saulus als 'uitverkoren werktuig' van de Heer voor de zending, en motiveert deze uitspraak in v. 16: Saulus wordt aangeduid als toekomstige martelaar.

Hoofdstuk 22 en vooral 26 verschillen in dit opzicht: 22:14 heeft een ander subject dan 9:15: *God* heeft Saulus uitverkozen. Het tweede deel van 22:14 heeft geen parallel in 9:15 of 26:16. Toch is er overeenkomst met 26:16 wat betreft het zien/verschijnen van Jezus.

9:17-19 schildert de heiliging van Saulus door Ananias, die inhoofdstuk 22 al in v. 13. werd verteld.

Meer dan met hoofdstuk 9 heeft 22:15 een nauwe parallel met 26:16b: Saulus is volgens beide versies *een getuige*. De bijzondere opdracht van de getuige wordt in 26:17-18 ontvouwd (zonder parallel in hoofdstuk 22). Hier wordt de roeping van Saulus tot zendeling onder de heidenen tot uitdrukking gebracht, een thema, dat in hoofdstuk 9 eigenlijk niet en in 22:1-16 slechts indirect aanwezig is.

De drie besproken verhalen over de verschijning aan Saulus horen bij elkaar. Wat de ontstaansgeschiedenis betreft kan worden vastgesteld dat het tweede verhaal in 22:12 het eerste bekend veronderstelt; dat geldt eveneens voor de derde versie (26:9vv), die kan worden opgevat als een verkorting van de beide voorgaande. In de derde versie is de tegenstelling tussen de voorchristelijke en de christelijke tijd van Paulus extra aangezet (vgl. bijvoorbeeld de schildering van de vervolgingsactiviteiten van Paulus) en wordt de bekering van Hand. 9 gezien als roeping tot zending onder de heidenen.

In hetgeen hierna volgt, zullen we ons dus slechts met de eerste en uitvoerigste tekst in Hand. 9 bezighouden. De beide parallelverhalen in Hand. 22 en 26 bieden ten opzichte van de eerste geen aanvullende informatie.

A. De traditie achter Hand. 9:3-8

Men moet er rekening mee houden dat v. 4b-6 in deze vorm zeker van Lucas stamt, maar in eerste aanleg mogelijkerwijs teruggaat op traditie. Bovendien blijft onzeker, of elementen van de traditie door Lucas zijn geschrapt. Toch kunnen met zekerheid wel de volgende traditie-elementen worden aangewezen:

1. De christenvervolger Saulus bevindt zich in de buurt van Damascus;

2. een hemels licht omstraalt hem, en Saulus valt op de grond;

3. zijn begeleiders, die de stem die tot Saulus sprak hebben gehoord, leiden hem (verblind?) naar Damascus.

Zo gereconstrueerd, kan men de traditie als legende van de bestraffing van een godsverachter door een verschijning van Jezus beschouwen. Als resultaat van die verschijning heeft Saulus zijn roeping tot zendeling (onder de heidenen) opgevat.

Voor Lucas is de zending van Paulus in de schets van de Handelingen der apostelen in hoofdstuk 9 overigens nog geen thema. Hij zal dan ook wel met opzet de traditie van een roeping van Paulus (vgl. Hand. 22 en 26) als bekering hebben geïnterpreteerd en haar in een reeks van drie bekeringsgeschiedenissen hebben geplaatst (8:26-40; 9:1-19a; 10:1-11:18). De traditie van het gebeuren bij Damascus die Lucas gebruikt, was oorspronkelijk wellicht een roepingsgeschiedenis, die op wezenlijke punten overeenkomt met de eigen getuigenissen van Paulus. Lucas heeft ze terwille van de schildering verdrievoudigd en zich in Hand. 9 door de interpretatie van de roeping als bekering nogal verwijderd van de historische waarheid.

De traditie, die in overeenstemming met de brieven van Paulus verhaalt dat een bepaalde gebeurtenis van de vervolger een verkondiger maakte, van een vijand van Christus een discipel van Christus (vgl. Gal. 1) is historisch juist.

Verder is ook de plaatsaanduiding, volgens welke de bekering, resp. roeping zich bij/in Damascus zou hebben afgespeeld, historisch juist. Ook Paulus zelf spreekt daarover in Gal.1:17: in aansluiting op de bekering ging hij naar Arabië en vervolgens *keerde hij weer terug naar Damascus*. Dus moet hij kort voor of kort na zijn bekering bij of in deze stad zijn geweest.

Men kan nog overwegen, of de basis van de traditie van

Hand. 9:3-9 zelf uit Damascus stamt. Verder kan men één van de uitgangspunten van de overlevering veronderstellen in Gal. 1:23 ('die ons vroeger vervolgde, verkondigt nu het geloof dat hij vroeger probeerde uit te roeien'). Ook zou het aandeel van Paulus zelf in de traditievorming over zijn 'ommekeer' wel eens aanzienlijk kunnen zijn geweest.

Op deze plaats moet nog de vraag worden aangesneden, of de blindheid van Saulus onderdeel van de traditie is geweest. In de geschiedenis zijn in ieder geval voorbeelden bekend van extatische blindheid. De beslissende vraag zal daarbij zijn, of de getuigenissen zelf nog nadere aanwijzigingen geven, dat een blindheid onderdeel was van het Damascusgebeuren. (zie p. 161vv).

B. De traditie achter Hand. 9:10-19

De overleveringsbasis van de perikoop v. 10-19 is nog moeilijker te bepalen dan die van de vorige. Traditie-element is ongetwijfeld slechts de discipel Ananias in Damascus, die daar Paulus genas en misschien ook doopte (9:18): Lucas zal deze naam naar alle waarschijnlijkheid niet in de traditie ingevoegd hebben. Of het huis van Judas in de Rechte Straat tot de traditie behoort, is onduidelijk.

Het 'Pasen' van Paulus

De traditie achter Hand. 9:3-9 komt overeen met de eigen getuigenissen van Paulus in die zin dat ze verhaalt van een opstandingsverschijning. Paulus spreekt in 1 Kor. 9:1v in 'Paastaal' (vgl. Joh. 20:18, 25) over zijn zien van de Heer, evenzo in 1 Kor. 15:8 over een zich tonen van Jezus aan Paulus zelf (Luc. 24:34 en 1 Kor. 15:3-7). Beide teksten weerspiegelen een en dezelfde gebeurtenis, waarbij 1 Kor. 9:1 de actieve waarneming van Jezus formuleert en 1 Kor. 15:8 de veronderstelling daarvan.

Maar tussen Hand. 9:3-9 en de brieven van Paulus treft men ook verschillen in de uitspraken over de verschijning van Christus: in de Handelingen der apostelen wordt niet nadrukkelijk gesproken van een 'zien' van de Heer (zoals de brieven dat wél doen), maar van een 'horen' van zijn woorden (v. 4b-6) en van een lichtstraal van de hemel zowel als van een op de grond vallen van Paulus. In ieder geval bevat v. 3-9 geen uitspraak volgens welke Saulus de Heer *gezien* heeft.

Daarentegen moet echter worden gewezen op Hand. 9:17, waar Ananias in retrospectief op v. 3-9 de lichtstraal bij Damascus als een verschijning van Jezus aan Saulus beschrijft (vgl. 26:19), en op 9:7 (zijn begeleiders zagen niemand), waar misschien wordt verondersteld, dat Saulus iemand, d.w.z. Jezus, heeft gezien.

Wat de wijze van verschijnen van Jezus betreft is er tussen de traditie achter 9:3-9 en de brieven van Paulus dan ook geen tegenstrijdigheid — beide vermelden dat Paulus Jezus *gezien* heeft. Lindblom noemt het Damascusgebeuren met recht 'een plastisch visioen met een sterk auditief element'[96], d.w.z. dat ook het *horen* een rol speelde.

Paulus zelf geeft aan dat de verschijning bij Damascus hem opriep om zendeling te worden (vgl. vooral Gal. 1:15v). Dat wordt in Hand. 9 niet met zoveel woorden gezegd. Toch is dit eenvoudig te verklaren uit de intentie van het verhaal van de traditie (of van Lucas?), die op deze plaats het accent helemaal op de overwinning van de christenvervolger door Jezus legt. Anderzijds betekent de roeping van de christenvervolger Paulus tot zendeling echter ook onontkoombaar een verandering van gezindheid, zoals die in Hand. 9 wordt beschreven. Daarom is het heel goed *mogelijk*, dat historisch dicht bij elkaar lag, wat Lucas in Hand. 9 en 26 in twee verhalen vertelt, die beide een ander zwaartepunt hebben (Hand. 22 ligt er tussenin). *Hand. 9 en 26 zouden dan slechts verschillende aspecten van hetzelfde gebeuren bevatten.*

Wat de persoon Ananias en zijn medewerking aan de bekering/roeping van Paulus betreft kan een gegrond historisch oordeel nauwelijks mogelijk zijn. Men kan zich tegen een betrokkenheid van Ananias, op welke wijze die dan ook geschiedde, overigens niet beroepen op de uitspraak in Gal. 1:12, volgens welke Paulus zijn openbaring niet van een mens heeft. Want deze verklaring sluit een medewerking van Ananias niet uit; ze trekt immers het bijzondere karakter van de bekering/roeping volstrekt niet in twijfel. Ananias zou kunnen worden gezien als werktuig van God.

Het belangrijkste resultaat van de historische reconstructie van de verschijning aan Paulus is het gegeven dat de uitspraken van de door Paulus zelf gegeven getuigenissen en van de Handelingen der apostelen in wezen overeenstemmen. Daarmee vergroten de verhalen in Handelingen ons historisch kennen ten aanzien van de Christuservaring van Paulus. *De door Lucas bewerkte traditie zou kunnen teruggaan op een verslag van de apostel zelf. Dat zou de details kunnen bevatten, die al in de brieven van Paulus doorklinken.*

Bij dit alles geldt overigens wel de beperking dat we niet meer kunnen vaststellen of het roepingsaspect van het Damascusgebeuren samenviel met die gebeurtenis zelf. Het is waarschijnlijk dat de opvatting van de bekering als roeping eerst ontsproot aan een interpretatie van Paulus, en dat ze *aansluitend*, in ieder geval korte tijd daarna, ontstond.

We kunnen het volgende concluderen: *Paulus heeft in de gebeurtenis bij Damascus Jezus 'gezien'. Of men dit een 'bekering' noemt of niet, doet er eigenlijk niet zoveel toe, omdat de inhoud duidelijk is: bij Paulus voltrok zich een ommekeer van vervolger tot verkondiger van Jezus.* In zijn eigen persoonlijkheid vond een 'revolutie van waarden' plaats, vanuit de joodse wet in de richting van Christus.

De Christusverschijning aan Paulus: een visioen?

Bij het 'Damascusgebeuren' kunnen we de kenmerken van een visioen vaststellen. Onder '"visioen" verstaat men in het algemeen visuele verschijningen van figuren, zaken of processen, resp. waarnemingen van stemmen en geluiden, die geen zintuiglijk-objectieve werkelijkheid hebben, maar volgens de opvatting van de personen die ze zien en horen, afkomstig zijn van een andere, onzichtbare wereld.'[97] Een 'visioen' is dus in de eerste plaats een neutraal fenomeen. Pas in zijn interpretatie door degene die het visioen heeft gehad of door buitenstaanders krijgt het een 'negatieve' (of ook 'positieve') tendens. Het begrip 'visioen' moet dan ook met betrekking tot de verschijningservaring van Paulus zo worden gehanteerd, dat deze iets beleefde, iets zag (en hoorde), wat *hij* niet kon verklaren 'als van deze wereld'. (Overigens geldt dit ook voor de verschijning aan Petrus.)

Voorbeelden van visioenen zijn er in het Oude Testament[98], in het jodendom aan het begin van onze jaartelling[99], in talrijke parallellen uit de hellenistische en Romeinse culturele context van het Nieuwe Testament[100], alsook in het Nieuwe Testament zelf[101].

Bij het lezen van de nieuwste studie over Pasen van Hans Kessler onstaat ten aanzien van de opstandingsverschijningen een indruk, die niet nadrukkelijk genoeg kan worden tegengesproken. Kessler betoogt als volgt:

'Geen ruimte kan er zijn voor de opvatting, dat het zou gaan om louter psychologisch verklaarbare visioenen, dus simpelweg om produkten van de verbeeldingskracht, resp. van het onderbewustzijn van de discipelen... Er is geen enkele aanwijzing, dat het vroege christendom het Paasgeloof heeft herleid tot innerlijke, psychische processen. En de ernst, de religieuze pretentie van de teksten wordt bij een louter psychologische verklaring zonder meer miskend.'[102]

Deze visie doet aan het fenomeen geen recht. Want voor een wetenschappelijke beschrijving van hetgeen zich met Pasen heeft afgespeeld, is het niet van wezenlijk belang, of het vroege christendom het Paasgeloof tot innerlijke, psychische processen heeft herleid of niet. Ook zouden ze een dergelijk beleven niet onder woorden kunnen brengen, want het antieke wereldbeeld maakte nauwelijks onderscheid tussen 'louter innerlijke' en 'louter uiterlijke' gebeurtenissen. Visioenen behoorden indertijd alleszins tot het 'normale' leven van alledag en golden als mysterieuze, onverklaarbare, door hogere wezens teweeggebrachte fenomenen. Voor ons, mensen van deze tijd, moet het dus gaan om het verkrijgen van een voor *nu* begrijpelijke toegang tot het Paasgebeuren. We moeten ons dus allereerst afvragen, of een psychologische benadering de religieuze ernst van degenen die indertijd een visioen kregen, helpt begrijpen.

Iemand die zich zeer heeft beziggehouden met de algemene voorwaarden en mogelijkheden van visioenen was Carl Holsten.[103] Hij schrijft dat alleen daar zich een visioen voordoet, 'waar de elementen van het beeld van het visioen al eerder in de geest van degene die het visioen krijgt voorhanden waren. De visionaire fantasie is slechts een reproduktieve activiteit; gezien wordt slechts wat voordien al als voorstelling of beeld van de vrije fantasie in het bewustzijn van de visionair heeft geleefd' (p. 81v). Met betrekking tot de ervaring van Paulus betekent dat: 'De kritiek moet kunnen aantonen, dat het visioen van de Messias in de vorm, waarin Paulus hem zag, geen tegenstrijdigheid met het algemene wereldbeeld van Paulus heeft betekend, dat het wat zijn substantiële inhoud betreft, al voordien in het bewustzijn en in de bewuste fantasie van Paulus aanwezig is geweest, en dat het beantwoordde aan de bijzondere situatie waarin we ons Paulus ten tijde van het visioen moeten denken, en dat het daardoor voor hem een belangrijk beeld moet zijn geweest' (p. 84).

Al deze voorwaarden denkt Holsten op grond van de individualiteit van Paulus te kunnen aantonen. Volgens Holsten was Paulus een epilepticus met een 'sanguinisch-cholerisch' temperament en bracht zijn karakter met zich mee dat hij snel opgewonden raakte en rusteloos van aard was (p. 87v). Bij deze '*natuurlijke* bepaaldheid' van Paulus, die opzichzelf al sensibel op invloeden van buiten reageerde, kwam nog een meer dan gewone *geestelijke* activiteit. Voor de bekering van Paulus door zijn Christuservaring bij Damascus betekende dit: Paulus had door de vervolging van de christelijke gemeente het geloof van de Christenen in de Gekruisigde leren kennen. Daarbij verraste hem het voor hem als Jood absurd lijkende onwankelbare geloof in de verlossingskracht van iemand die ter dood was gebracht. Dit gegeven hield Paulus zodanig in zijn denken bezig, dat hem uiteindelijk de betekenis van de kruisdood van de Messias als religieuze noodzaak duidelijk was geworden: Het vroegere joodse ideaal van de Messias als nationale verlosser werd vervangen door een nieuwe visie op het werk van de Messias, die alle nationale trekken had verloren. Daarmee was de Christuservaring van Paulus als produkt van een naar kennis zoekende menselijke geest aangetoond (vgl. p. 114).

Om op dit punt helderheid te verkrijgen, is de beantwoording van de vraag noodzakelijk, of Paulus ook elders met visioenen van doen had. Zou de stelling van Eduard Meyer juist zijn, dat de apostel voortdurend visioenen en openbaringen, gelijk aan die in 2 Kor. 12 beleefde?[104] Dan zou de verschijning van Christus aan Paulus juist geen eenmalig incident zonder parallellen zijn geweest (let wel: het gaat hier niet om de *inhoud* van de visioenen, maar om het *feit* van visioenen in het leven van Paulus in het algemeen).

We kunnen er niet omheen, dat er — soms heftig — verzet is aangetekend tegen de aanduiding van Paulus als 'visionair'. Maar aan al de bezwaren die daartegen worden ingebracht, ligt, zo lijkt het, een onvermogen ten grondslag om op deze manier de vroomheid resp. het religieuze leven van Paulus te bezien en het te laten zoals het was.[105] De redenen voor dit onvermogen zijn gelegen in het feit dat men zich verzet tegen de gedachte, dat de vroomheid van Paulus een andere kan zijn geweest dan die welke men zelf heeft. Heeft de protestantse theologie en exegese misschien een 'antivisionair complex'?

Vermoedens en vragen te over. We zullen nu aan de hand

van een concrete tekst, 2 *Kor.* 12, onderzoeken, of visioenen voor Paulus ook in de tijd dat hij Christen was van betekenis waren, en als dat mocht blijken, proberen we na te gaan hoe die zich verhouden tot het Damascusvisioen.

2 *Kor.* 12:1-10

Paulus wijst in 2 Kor. 10:12-12:18 een verwijt van de hand, dat blijkbaar inhield dat de apostel in onvoldoende mate over de gave van Gods Geest beschikte:

> 12:1: Er moet geroemd worden; het dient wel tot niets, maar ik zal komen op gezichten en openbaringen van de Heer.
> 2: Ik ken een mens in Christus; veertien jaar is het geleden —of het in het lichaam was weet ik niet, of dat het buiten het lichaam was, weet ik niet; God weet het — dat die persoon werd weggevoerd tot in de derde hemel.
> 3: En ik weet van diezelfde mens — of hij in het lichaam of buiten het lichaam was, weet ik niet, God weet het —,
> 4: dat hij weggevoerd werd naar het paradijs en onuitsprekelijke woorden gehoord heeft, die het een mens niet geoorloofd is uit te spreken.
> 5: Over die mens zal ik roemen; maar over mijzelf zal ik niet roemen, of het moest zijn in mijn zwakheid.
> 6: Want als ik wil roemen, zal ik geen dwaas zijn; want dan zou ik de waarheid zeggen. Maar ik onthoud mij ervan, opdat niet iemand mij hoger acht dan wat men van mij ziet en hoort.
> 7: En opdat ik mij wegens de hoge openbaringen niet zou verheffen. Daarom is mij een doorn in het vlees gegeven, nàmelijk een satansengel, die mij met vuisten moet slaan, opdat ik mij niet zou verheffen.
> 8: Driemaal heb ik de Heer hierover gebeden, dat hij van mij zou wijken.
> 9: En Hij heeft tot mij gezegd: Je hebt genoeg aan mijn

genade; want mijn kracht is in het zwakke machtig. Daarom wil ik mij het liefste beroemen op mijn zwakheid, opdat de kracht van Christus bij mij wone.

10: Daarom heb ik goede moed in zwakheid, in mishandelingen, in nood, in vervolgingen en angsten, ter wille van Christus: want als ik zwak ben, dan ben ik sterk.

We weten van Paulus zelf, hoe in Korinthe tegen hem werd gepolemiseerd: hij zou in de omgang met de Korinthiërs onderdanig zijn, maar een grote mond hebben wanneer hij op afstand was (2 Kor. 10:1; waarschijnlijk een citaat). Ook 2 Kor. 10:10 ('Want zijn brieven, zegt men, zijn wel gewichtig en krachtig, maar zijn persoonlijk optreden is zwak en zijn woorden zijn onbeduidend') bevestigt dit. Het laatstgenoemde verwijt keert terug in 2 Kor. 11:6: Paulus zou 'onbedreven in het spreken' zijn, waarmee beslist geen gebrek aan retorische scholing, maar een gebrek aan effectief, bezield spreken bedoeld is. Uit 2 *Kor.* 13:3 kan worden afgeleid dat de tegenstanders van Paulus 'pneumatici' zijn, mensen dus, die in het bezit zijn van de heilige Geest.[106] Deze spreekt door de mensen en laat hen daden volbrengen die door de Geest teweeggebracht zijn:

3: Jullie verlangen immers een bewijs, dat Christus in mij spreekt, die tegenover jullie niet zwak is, maar onder jullie krachtig is.

De tegenstanders eisen blijkbaar een bewijs dat ook in Paulus de heilige Geest werkt. Zolang die zich niet heeft gemanifesteerd, zullen ze hem herinneren aan zijn gebrek: dat hij te weinig doordrongen is van de Geest.

Als Paulus in 2 *Kor.* 12: *1b* schrijft: Ik kom nu op de'gezichten en openbaringen van de Heer', gaat hij daarmee in op een verwijt dat tegen hem is ingebracht: hij wil door 2 Kor. 12:2-8 aantonen dat ook hij zich beroemen kan op visioenen en openbaringen van de Heer. Het zal onderdeel van het verwijt van zwakheid (2 Kor. 10:10) zijn geweest, dat Paulus die niet kon laten zien. De perikoop staat dus in een *weerlegging* tegenover tegenstanders, over wie we maar inbeperkte mate iets weten. Daarom kunnen aan de perikoop slechts met grote voorzichtigheid historische gegevens ontleend worden.

V. 1a: 'Er moet geroemd worden' sluit aan bij 2 Kor. 11:30a ('Maar wanneer er geroemd moet worden, zal ik over mijn zwakheid roemen'), waar de noodzaak van het zich beroemen op de zwakheid wordt betrokken. Daar vertelt Paulus na een eed (v. 31; vgl. Gal. 1:20) over zijn vlucht naar Damascus (v. 32-33). Blijkbaar moet dat zijn zwakheid illustreren (vgl. v. 5b, 9).

V. 1b: 'Gezichten' en 'openbaringen' hebben vrijwel dezelfde betekenis. Een 'gezicht' zou misschien kunnen worden opgevat als visioen en 'openbaring' als een auditief gebeuren (vgl. Dan. 10:1). Toch voltrekt een 'openbaring' zich niet alleen met woorden, maar ook als innerlijke verlichting (vgl. 1. Kor 14:6, 26).

V. 2-4: Paulus schrijft in de derde persoon, hoewel hij over zichzelf vertelt. Met deze stijlvorm geeft de apostel zijn betoog een objectief karakter en tegelijkertijd maakt het zijn stijl bescheiden.

De precieze aanduiding 'veertien jaar is het geleden' onderstreept de waarheid van de hierna beschreven gebeurtenissen. Een dergelijke functie zal ook de datering van de roepingsvisioenen bij oudtestamentische profeten (Jes. 6:1; Jer. 1:1vv; 26:1 en elders) hebben gehad. Het enige verschil is hierin gelegen, dat Paulus de tijdsaanduiding niet in relatie met zijn roeping, maar in de discussie met zijn tegenstanders hanteert. Toch gaat het in beide gevallen om de feitelijkheid van het gebeuren.

V. 2 en v. 2v hebben een parallelle opbouw:

V.2	V. 3v
Ik ken een mens	Ik ken deze mens -
in Christus,	
veertien jaar is het geleden -	
of het in het lichaam was,	of het in het lichaam was
ik weet het niet	
of buiten het lichaam	of buiten het lichaam
weet ik niet	weet ik niet -
God weet het -	God weet het -
dat deze persoon	dat hij
werd weggevoerd	werd weggevoerd
tot in de derde hemel.	in het paradijs.

Ofwel v. 3v is een variant van v. 2, wat de meeste exegeten aannemen — de derde hemel zou dan identiek zijn met het paradijs -, ofwel v. 3v behelst een tweede reis naar de hemel, en wel naar het nog boven de derde hemel liggende paradijs. Wegens de opvallend parallelle formulering is de eerstgenoemde mogelijkheid waarschijnlijker, vooral ook omdat in het jodendom het paradijs ook in de derde hemel kon worden gelokaliseerd (ofwel in de zevende hemel).[107] Als het hier ging om twee verschillende zaken, zou slechts *één* tijdsaanduiding nauwelijks begrijpelijk zijn geweest. Paulus schildert in v. 2-4 dus *één* reis naar de hemel, die in de culturele context van het vroege christendom talrijke pendanten heeft. De herhaling van de vertelling onderstreept de bijzondere gang van zaken, zoals dat ook gebeurt door het noemen van het aantal jaren, waardoor het waarheidsgehalte van het verhaal wordt bevestigd.

De door Paulus geschilderde reis naar de hemel resp. het weggevoerd worden anticipeerde een moment op de 'thuisreis' naar de Heer (= het sterven), die Paulus in Fil. 1:21

('Want Christus is mijn leven, en sterven is mijn gewin') met zo innig verlangen tegemoet zag (vgl. 2 Kor. 5:1v, 6-8). Hij wist overigens niet, of hij zich 'in het lichaam of buiten het lichaam' bevond. Visionairen hebben 'dikwijls het bewustzijn... dat ze hun extase in de vorm van een lichamelijk 'weggerukt' zijn ervaren...'[108] De direct daaraan toegevoegde zin 'God alleen weet het' duidt dit gebeuren aan als *door God teweeggebracht* — in genade (zie ook 2 Kor. 5:13). Hoewel Paulus de omstandigheden niet nader beschrijft, is het vermoeden gerechtvaardigd, dat de reis naar de hemel gepaard ging met een extase. Daar past helemaal bij dat hij in de derde persoon spreekt. 'Degene die door extase in vervoering is gebracht, onderscheidt zich van de normale mens en spreekt over zichzelf als over een ander.'[109] Omdat voor Paulus het resultaat van deze extatische ervaring een tijdelijke gemeenschap met de hemelse Christus was — als anticipatie op de gemeenschap aan het einde der tijden — en anderzijds de Heer voor hem de Geest is (2 Kor. 3;17; Rom. 8:9v), kan worden geconcludeerd: *In 2 Kor. 12 beschrijft Paulus een extase als pneumatische ervaring.*

In joodse en Griekse beschrijvingen van hemelvaarten wordt vaak uitvoerig meegedeeld, wat de betreffende personen hebben gezien en gehoord. Paulus daarentegen verklaart in *v. 4* slechts dat hij 'onuitsprekelijke woorden heeft gehoord'. Dat kan twee dingen betekenen: ofwel woorden die niet kunnen worden uitgesproken, ofwel woorden die niet mógen uitgesproken worden. Wegens het vervolg 'die een mens niet zijn toegestaan mee te delen' moet aan de tweede mogelijkheid de voorkeur worden gegeven.

Paulus zegt niet, of hij iets zag, resp. wat hij *zag*. Wel duidt hij het aan met het woord 'paradijs'. Hij zal de plaats, waar de 'vaart' eindigde, als paradijs hebben gevoeld en 'herkend', d.w.z. hij heeft misschien ook gezien, wat er in het paradijs aanwezig was. 'Vooral zal hij naast engelen en rechtvaardigen "de Heer" zelf op deze plaats op zijn troon hebben aanschouwd, Hand. 7:56; Openb. 1:9vv.'[110] Weliswaar moet nog eens worden onderstreept, dat van een zien in de onderhavige tekst niet uitdrukkelijk sprake is. Maar het kan wel worden verondersteld.[111] *Het bij elkaar horen van zien en horen* wordt in dit verband bovendien gesuggereerd door de grote rijkdom aan beelden — een kenmerk van visionaire taal.

V. 5: Voorzover het gaat om de door God met een visioen begenadigde Paulus, wil Paulus zich beroemen op déze mens. Maar voorzover het hemzelf betreft, als 'normaal mens', wil hij zich slechts op zijn zwakheid beroemen. Daarmee komt goed tot uitdrukking wat hij wil betogen: De genade van God wordt op paradoxale wijze op deze aarde slechts zichtbaar in de zwakheid, ook wanneer de gemeenschap met Christus een *werkelijkheid* is. Maar men kan er niet over beschikken, omdat ze door God geschonken wordt. Hier moet in rekening gebracht worden, dat Paulus later (in v. 10) zal zeggen, dat hij sterk is in de zwakheid, sterker dan zijn tegenstanders, die zich eveneens op visioenen beroemen. Met andere woorden: in deze wereld heeft zwak zijn op een paradoxale manier meer kracht dan sterk zijn.

V. 6a knoopt aan bij v. 5a en wijst op het recht van Paulus om zich op grond van zijn reis naar de hemel te beroemen. Daarbij verwijst het thema van 'dwaas zijn' terug naar 2 Kor. 11:1, 16, 19, en 2 Kor. 12:11 laat zien, dat Paulus 2 Kor. 12:1-10 opvat als een gedwongen worden om 'te spreken als dwaas', d.w.z. tot een zich op de borst kloppen. Deze verdediging tegenover aanvallen van anderen zou overigens eigenlijk de taak van de Korinthiërs hebben moeten zijn. Na 'roemen' moet voor een beter verstaan ofwel 'over de visioenen' of 'over iets anders dan de zwakheid' worden aangevuld.

V. 6b: De zinsnede 'wat men van mij ziet en hoort' is raadselachtig, en de verklaringen ervan kunnen dan ook alle kanten op. Bedoeld zal wel zijn, dat het beeld dat de Korinthiërs van Paulus hebben niet gebaseerd mag zijn op de niet te bewijzen en na te trekken hemelse ervaringen van Paulus, maar op *hun* ervaringen met hem.

Paulus maakt, met het oog op zijn visioenen, er aanspraak op te kunnen opbieden tegen de 'aartsapostelen' (v. 6a), maar benadrukt tegelijkertijd de andere kenmerken van een apostel. Die bestaan enerzijds uit een leven in zwakheid en vervolging, dat alleen door Gods genade effect kan hebben. Voor dit leven zijn er uiterlijke aanwijzingen, zoals bijvoorbeeld lijden en ziekte. Anderzijds is het de verkondiging van het evangelie, die tot de kenmerken van een apostel behoort.

V. 7: Het verband met 'wegens de hoge openbaringen' is niet duidelijk. De woorden kunnen of bij v. 6 of bij v. 7 getrokken worden: In het eerste geval zou het de verklaring zijn waarom iemand de apostel hoger zou kunnen achten dan hij op grond van eigen waarnemingen zou doen, namelijk wegens de hoogte, d.w.z het hoge belang van zijn visioenen. Als de zinsnede bij v. 7 getrokken wordt, dan loopt Paulus vooruit op het trefwoord 'openbaringen', dat in de hele volgende perikoop tot hoofdthema wordt, en verbindt door 'daarom' de verzen 7b-9a met het voorgaande (v. 6-7a). Beide genoemde mogelijkheden maken evenwel inhoudelijk nauwelijks verschil.

Het woord 'verheffen' verschaft het kader waarin v. 7 moet worden gelezen. Dit vers bevat de interessante biografische notitie, dat Paulus door een satansengel wordt geslagen, opdat hij zich niet boven de anderen zou verheffen. De uitdrukking 'satansengel' vooronderstelt dat er engelen aan Satan onderworpen zijn, die hem dienen (vgl. Marc. 25:41; Openb. 12:9 en elders), en dat de Satan, zijn engelen en boze geesten ziekten veroorzaken. *Visioen en ziekte behoren bij Paulus dus onafscheidelijk bijeen.*[112] De buitengewone ('hoge') openbaringen worden begeleid door een ziekte, om te voorkomen dat Paulus zichzelf zou verheffen. De idee van een zelfverheffing resp. zelfverhoging is een joodse gedachte (vgl. Ez. 21:31; Jac. 4:10; 1 Petr.5:6): Wie zichzelf verheft, die zal worden bestraft, resp. vernederd. Zo verklaart Paulus blijkbaar voor zichzelf het in zijn eigen persoon naast elkaar bestaan van openbaring en ziekte.

V. 8-9 lichten toe, dat de zich in deze openbaringen manifesterende kracht nog geweldiger wordt door het samengaan van visioen en ziekte. V. 8 behelst een zekere bewijsplaats voor het overigens in de brieven van Paulus zelden voorkomende gebed tot Jezus (vgl. 1 Kor. 1:2: 'de naam van de Heer aanroepen'; 1 Thess. 3:11v). Dat hij driemaal gebeden heeft, weerspiegelt een normaal joods gebruik (vgl. Dan. 6:11) en drukt het dringende karakter ervan uit (vgl. Matth. 7:7). V. 9a formuleert het antwoord op het gebed van Paulus in de vorm van een 'genezingsorakel'[113], ook wanneer een genezing juist geweigerd wordt.

Waarschijnlijk gaat het in de vanaf v. 8 beschreven gang van zaken eveneens over een extatische ervaring (auditief van aard, v. 9a), die nog een onderdeel van hetzelfde gebeuren als in v. 2-4 is, of zich in de herinnering van Paulus met de ander vervlochten heeft waardoor ze tot één gebeurtenis zijn geworden. Paulus vat althans beide gebeurtenissen — de 'hemelvaart' en de duiding van zijn zwakheid door de hemelse Christus — op als (zakelijk) met elkaar in verband staande.

In *v. 9b* vat Paulus nog eens v. 9a samen, nu als uitspraak van hemzelf. Daarmee accepteert Paulus het woord van de Heer als zinvolle karakterisering van zijn situatie.

V. 10a resumeert de in 2 Kor. 11:24vv verhaalde gebeurtenissen, en *V. 10b* ('want wanneer ik zwak ben, ben ik sterk') is een krachtige afsluiting van de perikoop.

De Christusverschijning aan Paulus: een visioen!

Als een belangrijk resultaat van de vorige paragraaf kunnen we vaststellen: Paulus schildert in 2 Kor. 12 een 'reis naar de hemel' resp. een 'wegvoering', die gepaard ging met een visioen. Hij zag het paradijs en de hemelse Heer. Deze ervaring viel samen met een ziekte. Paulus bedenkt als verklaring dat de ziekte het visioen nog versterkte en zo tot uitdrukking van de allesovertreffende macht van Christus werd.

Als we dit als uitgangspunt nemen, kunnen we de verhouding van het roepingsvisioen (= de gebeurtenis bij Damascus) tot het visioen in 2 Kor. 12 bepalen. Het valt niet te bestrijden, dat Paulus bij visioenen van Jezus *na* het gebeuren bij Damascus de ontmoeting met de 'Verhoogde' als even werkelijk ervoer als bij de eerste keer. Men hoeft al over weinig religieus inlevingsvermogen te beschikken om tot het inzicht te komen dat het 'Damascusvisioen' en de in 2 Kor. 12 vertelde 'hemelreis' tot dezelfde ervaringsvorm behoren, al zijn ze dan niet identiek. Godsdienst-psychologisch beschouwd zijn 'bekeringsvisioen en hemelreis twee anderssoortige belevenissen: in het eerste geval kwam Christus afdalen en "verscheen" Paulus — hier stijgt Paulus op tot de Heer in de hemel'.[114] Maar beide zijn een 'zien' en vinden hun hoogtepunt in een 'horen' van de Heer, al is ook de inhoud verschillend. Dat Paulus het Damascusvisioen niet in 2 Kor. 12 vermeldt, kan bovendien als reden hebben dat het aan de Korinthiërs al bekend was uit de stichtingspreek van Paulus in Korinthe, uit *mondelinge* traditie dus (vgl. Gal. 1:13, 23), en uit 1 Kor.15:8.

Van belang is voorts, dat zowel bij het in 2 Kor. 12 verhaalde visioen alsook in de verschijning bij Damascus een ziekte onderdeel van het gebeuren is (Hand. 9:8/2 Kor. 12:7). Volgens de door Lucas geschilderde traditie werd Paulus blind, terwijl 2 Kor. 12 geen nadere precisering toelaat.[115]

Wat hebben we nu bereikt? *We weten nu dat Paulus vaker visioenen had. Verder moeten we ervan uitgaan dat ook zijn bekeringsbelevenis bij Damascus, waarin aan hem de opgestane Christus verscheen, een visioen was.* Toch blijft het ook nu nog een open vraag, door wie of wat dit visioen werd teweeggebracht. Zeker, men kan nu eenvoudig beweren dat God zelf degene is geweest die dit visioen deed plaatsvinden en dat het in zoverre een oorspronkelijke openbaring is geweest. Maar toch mag men het zich, wanneer het gaat om een historisch onderzoek van een gebeuren, niet zo gemakkelijk maken. Want dat zou betekenen dat we het *onderzoek* zouden moeten afbreken en ons weer zouden moeten begeven op het terrein van theologische speculatie, wat we nu juist willen vermijden.

De volgende vraag is dus: Hoe is het roepingsvisioen van Paulus te verklaren?

De bekeringservaring van Paulus — een 'Christuscomplex'

De tijd dat Paulus nog geen Christen was — en die duurde tot ongeveer zijn dertigste levensjaar[116] -, was gekenmerkt door een fanatisme (Fil. 3:6), dat zich onder meer uitte in een meedogenloze christenvervolging (Gal. 1:23). De redenen daarvoor lagen *ten eerste* in de verkondiging van de gekruisigde Messias, *ten tweede* in de christelijke kritiek op de tempelcultus en *ten derde* — nauw daarmee verbonden — in het buiten werking stellen van de joodse wet, zoals dat in het samenleven met Christenen uit de heidenen werd gepraktiseerd. Maar terwijl Saulus de Christenen hevig vervolgde, adviseerden andere Joden, zoals 'Gamaliël', om af te wachten (Hand. 5:38v). Daarmee staat vast dat de prediking van de vroege Christenen niet automatisch een vervolging provoceerde. Die werd veeleer slechts door een bepaalde joodse groep bedreven, waartoe ook Saulus behoorde.

Over de ommekeer van christenvervolger tot Christusverkondiger (van 'Saulus' naar 'Paulus') zeggen de bronnen weinig. Gewezen kan worden op de hierboven geanalyseerde passages (p.141-159) en verder op Gal. 1:23 ('die ons vroeger vervolgde, verkondigt nu het geloof, dat hij vroeger probeerde uit te roeien') als mondelinge overlevering in de gemeenten van Syrië over de plotselinge ommezwaai van de christenvervolger. Het vroeger zo graag gebruikte citaat van *Rom.* 7 tot het verstaan van de ommekeer in de biografie van Paulus is vandaag de dag bijna alom opgegeven. Paulus beschrijft in dit hoofdstuk de ontwikkeling van het 'ik' en schildert de verscheurdheid van zijn ik van vóór de tijd dat hij zich tot Christus bekeerd had.

7: Is de wet zonde? Volstrekt niet! Ja, ik zou de zonde niet hebben leren kennen anders dan door de wet. Immers, ook van de begeerte zou ik niet geweten hebben, als de wet niet gezegd zou hebben (Ex. 20:17): 'U zult niet begeren!'
8: Maar uitgaande van het gebod, wekte de zonde in mij allerlei begeerte op; want zonder de wet is de zonde dood.
9: Eens leefde ik zonder wet; maar toen het gebod kwam, begon de zonde te leven,
10: maar ik stierf. En zo bleek mij, dat het gebod, dat toch bedoeld was om leven te brengen, voor mij juist de dood betekende.

...

14: Want wij weten, dat de wet geestelijk is; ik echter ben vlees, verkocht onder de zonde.

...

18: Want ik weet, dat in mij, dat wil zeggen in mijn vlees, niets goeds woont. Immers, de goede wil is er wel, maar de goede daad kan ik niet volbrengen.
19: Want het goede, dat ik wil, dat doe ik niet; maar het kwade, dat ik niet wil, dat doe ik.

...

23: Maar in mijn leden zie ik een andere wet, die strijdt tegen de wet van mijn verstand en die mij tot krijgsgevangene maakt van de wet van de zonde, die in mij leeft.
24: Ik, ellendig mens! Wie zal mij verlossen van het aan de dood vervallen lichaam?
25: God zij gedankt door Jezus Christus, onze Heer!

Drieërlei redenen werden sedert het klassieke werk van Kümmel uit 1929[117] ingebracht tegen een *biografische* interpretatie van het 'ik':

1. 'Ik' zou een stijlvorm zijn, zoals bijvoorbeeld in de Psalmen;

2. Rom.7 zou in de context van het geheel van de brief

moeten worden verstaan en zou in de vorm van een terugblik een *theologische* en geen *historische* beschrijving geven van het 'voor-christelijke ik';

3. Paulus zou op andere plaatsen, zoals Fil. 3:6 (ik was 'naar de gerechtigheid van de wet onberispelijk geweest') helemaal niets hebben verraden van de tweespalt in zijn 'voor-christelijke' levensloop.

Nu kan men ten aanzien van de eerste beide punten kritiek leveren en betogen dat daarmee een biografische interpretatie niet wordt uitgesloten. Door de verwijzing naar de theologische vorm van deze terugblik wordt immers nog niet noodzakelijk de historische vraag beantwoord, in hoeverre aan deze theologische interpretatie van zijn eigen biografie niet toch een historische kern beantwoordt. En of Fil. 3:6 werkelijk een *volledig bevestigd zelfvertrouwen* van Paulus van vóór zijn bekering toont, is helemaal nog niet zo zeker.

De vraag doet zich voor, of we bij ons historisch onderzoek niet gebaat zouden zijn met nadere vragen in de richting van de dieptepsychologie. Met een poging om langs deze weg een verklaring te vinden, zouden we niet alleen onze kennis omtrent de bekering van Paulus kunnen vergroten, maar tevens haar betekenis kunnen doorgronden.

Als theoretisch model zou een psychodynamisch uitgangspunt kunnen dienen, dat religie beschouwt als een discussie met het onbewuste.[118] Dit model van een dieptepsychologische duiding zou ertoe kunnen bijdragen om Paulus te begrijpen vanuit zijn staan in dit leven.

Zoals hierboven al gezegd, wijzen de bronteksten op het feit dat Paulus een gedreven, ja zelfs fanatieke vervolger van de Christenen was. Dit opvallend gedrag doet vermoeden dat de grondelementen van de christelijke verkondiging hem bijzonder sterk hebben beziggehouden in zijn ontmoeting met Christenen. Hun verkondiging en geloofspraxis waren niet alleen gebaseerd op een verstandelijk handelen, maar gingen tegelijk uit van bewuste en onbewuste emoties — een fenomeen dat trouwens geldt voor alles wat men als ingrijpend ervaart. De heftig agressieve houding van Paulus jegens de Christenen was vermoedelijk verankerd in een innerlijk persoonlijk onvermogen, zoals de dieptepsychologie als vaak voorkomende oorzaak voor agressief handelen heeft vastgesteld. Dit onvermogen manifesteert zich in het algemeen daarin, dat een mens zich door iets voelt aangesproken, dat niettemin strijdig is met zijn principes. Hij mag of wil er daarom niet aan toegeven. Hij probeert dan ook dit gevoel met geweld te onderdrukken, om te voorkomen dat het de overhand krijgt en al zijn principes in duigen zouden vallen. Maar hoe meer hij dit doet, des te sterker gaat hij de anderen, die datzelfde gevoel in alle openheid tot uitdrukking kunnen brengen, haten, want zij kunnen zich datgene permitteren, waartegen hijzelf een moeizame strijd probeert te voeren. Zo ontlaadt de haat tegen zijn eigen situatie, en dus uiteindelijk tegen zichzelf, zich in het haten van deze anderen. Hij projecteert — zoals dit in de psychologische vaktaal heet — zijn haat op anderen. Hijwordt een fanaticus.

Fanatici moeten vaak de twijfel aan de eigen levensvisie en -praxis onderdrukken, willen ze niet zichzelf te gronde richten. Als dit voor Paulus opgaat[119], dan was zijn religieuze ijver een soort graadmeter van zijn innerlijk onvermogen, dat zich uiteindelijk ontlaadde in een visioen van Christus. Misschien kan men met Jung zeggen, dat Saulus onbewust al vóór zijn bekering een Christen was.[120] Hij zou dan een Christuscomplex hebben gehad, waarvan hij zichzelf niet bewust was. Dit complex zou door de door hem vervolgde Christenen letterlijk tot overkoken zijn gebracht. Hij wilde zich van zichzelf bevrijden door een strijd naar buiten te voeren. Dat werd hem 'noodlottig'. Uit Saulus werd Paulus.

Wat was de vermoedelijke inhoud van dit Christuscomplex? *Ten eerste* kan dat met de wet te maken hebben gehad: Rom. 7 tekent in retrospectief het onbewuste conflict, waaronder Paulus vóór zijn bekering gebukt ging. *Ten tweede* zou dit conflict door deactuele situatie, in casu door de verkondiging van de gekruisigde Christus teweeggebracht kunnen zijn (een gekruisigde kon niet de Messias zijn), *ten derde* door de tendensen van de prediking van de door hem vervolgde Christenen: universele tendensen die de grenzen van het jodendom overschreden. En *ten vierde* Jezus' prediking van liefde zoals die door de Christenen werd verbreid.

Het onvoorstelbare voor Paulus was, dat in de mens Jezus datgene realiteit was geworden, waarnaar hij zelf onbewust steeds hevig had verlangd. Het Christusideaal van Paulus, dat pas door de prediking van de door hem vervolgden actueel tot een doorbraak kwam, vond zijn equivalent in het optreden van Jezus. Tegelijkertijd verleende het historische kruis van Jezus aan het Christusbeeld van Paulus een voordien onbekende dimensie. Zijn ommekeer van vervolger tot prediker zou Paulus kunnen hebben beleefd en begrepen als levenservaring, als eeuwigheidservaring, als bevrijding van de wet en van de zonde. Want al deze thema's worden in Rom. 7 behandeld (v. 10, 23v; vgl. 1 Kor. 15:56). Of Paulus dat in deze vorm *onmiddellijk* na Damascus zou hebben kunnen zeggen, is een vraag die nauwelijks valt te beantwoorden; hij zal zeker over zijn visioen hebben nagedacht. Toch is de problematiek achter Rom. 7 te zeer 'geladen door ervaring' dan dat ze uitsluitend theoretisch bedacht en ontvouwd zou kunnen zijn. Was het evenwel een echt conflict, dat Paulus hier moest overwinnen, dan moet het historisch nauw in verband gebracht worden met de gebeurtenis voor Damascus.

Conclusies uit de analyses van de Christusverschijningen

Het kritische onderzoek naar de verschillende opstandingsverschijningen leverde een verrassend resultaat op: ze zijn zonder uitzondering te verklaren als visioenen. Daarbij kunnen die aan Petrus en aan Paulus als oorspronkelijke visioenen worden bestempeld, omdat ze plaatsvonden *zonder* dat er factoren waren die ze hebben uitgelokt.

Petrus viel het eerste visioen ten deel, dat psychologisch als mislukte rouwverwerking en overwinning van een ernstig schuldcomplex kan worden gezien. Hij had zich aan Jezus door verloochening 'bezondigd'. Maar onder de indruk van Jezus' verkondiging en dood betrok Petrus door een verschijning van de 'Opgestane' Gods woord van vergeving, dat al in het optreden van Jezus present was geweest, nog eenmaal— en ditmaal in zijn uiterste helderheid — op zichzelf.

Dit eerste visioen werd de 'ontsteker' van de daarop volgende, bij Paulus in 1 Kor. 15 vermelde visioenen. De zich daarbij aansluitende Christusverschijningen zijn verklaarbaar als massapsychoses (resp. massahysterieën). Dit fenomeen werd pas door het visioen van Petrus mogelijk gemaakt.

De verschijning aan Paulus daarentegen was niet afhankelijk van het visioen van Petrus, omdat het hier niet een volgeling, maar een 'vijand' van Jezus, resp. van zijn aanhangers betrof. De biografie van Paulus biedt sterke aanwijzingen, dat diens 'zien' van Christus psychologisch als een te-bovenkomen van een smeulend 'Christuscomplex' kan worden verklaard, dat bij hem leidde tot ernstige (onbewuste) conflicten en zich uiteindelijk ontlaadde in dit 'zien'.

Ondanks het feit dat de visioenen onafhankelijk van elkaar zijn, zijn er niettemin onmiskenbare parallellen tussen de beide oorspronkelijke visioenen van Petrus en Paulus:

1. Bij beide staat het visioen in onlosmakelijk verband met de verloochening van Jezus, resp. de vervolging van zijn gemeente.

2. Bij beide wordt het schuldgevoel 'afgelost' door de zekerheid van de genade.

3. Bij beide zou sprake kunnen zijn van een vergelijkbare, indien al niet met elkaar overeenstemmende rechtvaardigingsleer (Gal. 2;15v: 'omdat *wij* weten, dat de mens door werken van de wet niet gerechtvaardigd wordt, maar door het geloof in Jezus Christus'). Dat de mensen door geloof in Christus en niet door de wet gerechtvaardigd worden —

dáárin was Paulus het blijkbaar van het begin af aan met Petrus eens, sterker nog, deze overtuiging heeft zich bij beiden bij hun bekering tot Christus, in hun 'Paaservaring' onweerstaanbaar opgedrongen.

Daarmee moet echter God niet meer worden gezien als degene die deze visioenen teweegbracht, zoals dat inconsequent ook bij vertegenwoordigers van de visioenshypothese nog vaak het geval is. Het zijn veeleer *psychische* processen, die zich bijna 'wetmatig' — geheel zonder 'goddelijke' ingrepen — in de mens zelf voltrekken.

Tegelijkertijd is daarmee gezegd, dat het geheel onnodig is om uit te gaan van een opstanding van Jezus als voorwaarde voor de verklaring van deze fenomenen. Een consequente modern-wereldbeschouwelijke zienswijze moet afscheid nemen van de opstanding van Jezus als historisch gebeuren.

4. Consequenties uit de resultaten van het onderzoek

Ontstaan en wezen van het oerchristelijk opstandingsgeloof

De Romeinse prefect Pontius Pilatus liet Jezus van Nazareth volgens het getuigenis van alle nieuwtestamentische evangeliën op een vrijdag (omstreeks het jaar 30) ter dood brengen aan het kruis. Zijn discipelen, die van Galilea mee naar Jeruzalem waren getrokken voor het Paasfeest, verlieten hem vóór, resp. tijdens de gevangenneming op een wijze die alles van een vlucht had. Als laatste vluchtte na enig aarzelen ook Simon Petrus, een van de Twaalf, die onder de discipelen een voorrangspositie bekleedde. Vrouwelijke volgelingen van Jezus, die eveneens met hun meester waren meegereisd, bleven daarentegen langer bij hem in de buurt. Tot hen behoorde Maria uit het Galilese vissersplaatsje Magdala; zij was door Jezus genezen van een ernstige ziekte (Luc. 8:2).

De motieven voor de executie van Jezus door de Romein Pilatus zijn duidelijk: Hij zag in hem een politieke oproerling, die onschadelijk moest worden gemaakt. Blijkbaar was Jezus door groepen van de hem vijandig gezinde Jeruzalemse priesters belasterd, omdat hij optrad als Messias van de eindtijd. In hoeverre ook een discipel (Judas) daarbij betrokken was, is onzeker.

Proces, executie en dood van Jezus vielen op dezelfde dag. Hierop volgde de sabbat, die in dat jaar samenviel met de eerste dag van het Pascha.[121] Daaruit ontstond voor de Joden het probleem, hoe verder te handelen met het lichaam van

Jezus. Volgens de joodse zede was het namelijk niet geoorloofd een gestorven gekruisigde een nacht over (Deut. 21:23), noch daarna op sabbat, die bovendien nog tot het Pascha behoorde, aan het kruis te laten hangen. In ieder geval kregen Joden van Pilatus toestemming om het lichaam van Jezus van het kruis af te nemen. Ofwel Jozef van Arimathea kreeg van joodse zijde opdracht tot de 'begrafenis' van Jezus, ofwel ons onbekenden hebben het lichaam op een niet meer te identificeren plaats 'ter aarde besteld'. Daarmee is de zaak voor de desbetreffende joodse overheid en voor Pilatus, die Jezus van Nazareth beschouwde als een van de *vele* joodse messiaanse oproerlingen, afgehandeld.

Hoe Jezus zelf zijn laatste uren heeft beleefd, weet niemand. De hem toegeschreven woorden tijdens het proces en aan het kruis zijn zeker van latere datum. Ook kan bijvoorbeeld niet gezegd worden, of hij werkelijk innerlijk ingestort is, zoals vaak beweerd wordt.

Zo eindigde Goede Vrijdag dus in een catastrofe en was daarmee schijnbaar het door Jezus aangestoken vuur in ijzige kou verstikt; maar niet lang na de dood van hun meester en de terugkeer van de discipelen naar Galilea brak onverhoopt een nieuwe lente aan. Wanneer zich dat precies heeft afgespeeld, weten we niet. Dat het op de derde dag, dus op de zondag na de sabbat was, kan worden uitgesloten, vooral omdat de doorbraak in Galilea plaatsvond en de discipelen niet binnen een tot twee dagen — bovendien nog tijdens de sabbat — in Galilea hadden kunnen zijn. Maar niet lang na de vrijdag waarop Jezus was gestorven ervoer Petrus in een visioen Jezus in levenden lijve, en dit gebeuren leidde tot een kettingreactie zonder weerga. Als Petrus Jezus had gezien en gehoord, dan stond daarmee de inhoud van de verschijning van Christus aan de anderen bij voorbaat vast. De mare verbreidde zich bliksemsnel dat God de gekruisigde Jezus van Nazareth had weggevoerd en hem tot Zich had genomen — hem had verhoogd. Met andere woorden: God was aan de kant van Jezus gaan staan, wat na diens kruisdood niet te verwachten was geweest. Daaruit werd de conclusie getrokken: God spreekt in de gekruisigde Jezus tot de mensen. Mettertijd zou hij als rechter van de wereld terugkeren. — Daarmee was een nieuwe situatie geschapen, en de Jezusbeweging begon aan een nieuwe, gloedvolle start. Nu konden de aanhangers van Jezus opnieuw naar Jeruzalem reizen en verdergaan met het werk dat hun meester onvoltooid had achtergelaten; ze riepen het volk en de leidende elite op tot bekering. Wellicht beschouwde men het heden als allerlaatste termijn van boete, die God had gegeven.

Aangezien Petrus in de doorbraak van het schuldgevoel speciaal de vergeving van zonden had ervaren, stond *ten eerste* vast, dat de ervaring met de gekruisigde onmiddellijk verbonden was met de vergeving van zonden. Zo werd de ervaring van de *vergeving van zonden* tot een wezenlijk onderdeel van het oudste christelijke Paasgeloof. *In de tweede plaats* kreeg het Paasgeloof de vorm van een ervaring van de *overwinning van de dood*, d.w.z. als ervaring van het leven, dat in de gemeente voortaan werkzaam was als geest. In zoverre is *in de derde plaats* het oudste christelijke Paasgeloof ook een *eeuwigheidsgeloof* en als zodanig een 'eindgeloof'. Tijd en eeuwigheid zijn één geworden, en wel zo, dat het hart een blik in de eeuwigheid mag werpen. Het eeuwige leven is geworden tot het leven van de mensen.

Het eerste visioen aan Kefas werkte regelrecht 'aanstekelijk'; daarop volgden onmiddellijk andere. De door Jezus tijdens zijn leven gevormde kring van Twaalf werd door Petrus meegesleept en 'zag' eveneens Jezus. En wel tijdens het Wekenfeest, dat volgde op het 'Pascha-van-de-dood'; toen vond de verschijning aan meer dan vijfhonderd plaats.

Onder hen die Jezus zagen, waren ook vrouwen. Op tegenwerpingen van de kant van de Joden en vragen naar het verblijf van het lichaam van Jezus wist men al gauw te antwoorden, dat de vrouwen het graf leeg hadden aangetroffen en later, dat Jezus de vrouwen aan het graf zelfs was verschenen.

De kracht van dit begin met zijn religieus enthousiasme kan men zich niet explosief genoeg voorstellen. Ook de lijfelijke broers van Jezus (vgl. 1 Kor. 9:5) werden in de maalstroom meegesleept en gingen naar Jeruzalem. Jacobus kreeg zelfs op z'n eentje een visioen.

Voor deze gang van zaken hoeft niet meer dan een half jaar geraamd te worden. Er gebeurde veel parallel. Naast de opstandingservaring laten de volgende ontwikkelingen zich historisch helder beschrijven: a) in het breken van het brood vierde de bijeengekomen gemeente al spoedig de gemeenschap met haar zo ellendig ter dood gebrachte en nu met des te meer macht beklede Messias Jezus; b) de herinnering aan het optreden van Jezus en aan zijn woord was onmiddellijk en levendig; c) 'het eschatologisch-messiaanse Schriftwoord, dat al in de gemoederen aanwezig was, vooral in de vorm van de messiaanse liederen uit het boek van de Psalmen, die men sinds eeuwen van buiten kende', zong men nu 'als Psalmen van de huidige vervulling ter ere van de verhoogde Messias-Mensenzoon'.[122]

De beweging bereikte een nieuw stadium toen zich in Jeruzalem Griekssprekende Joden aansloten. Dat kan al gebeurd zijn op het op het Pascha volgende Wekenfeest, toen veel pelgrims in Jeruzalem aanwezig waren en over Jezus hoorden. In ieder geval verbreidden ze de boodschap van Jezus in streken buiten Jeruzalem en trokken de aandacht van de Farizeeër Saulus. Deze kwam in actie en onderdrukte de nieuwe prediking, totdat hij eveneens, in een visioen bij Damascus, door Jezus werd overwonnen. Met deze gebeurtenis is een uiterste punt in het oudste Paasgeloof bereikt, hoewel Jezus ook in de tijd daarna steeds weer 'verscheen'. Drie jaar na zijn Christusverschijning reisde Paulus naar Petrus in Jeruzalem en leerde van hem nadere details omtrent de prediking en het optreden van Jezus kennen.

Deze korte schets van de gebeurtenissen na de dood van Jezus maakt natuurlijk geen aanspraak op volledigheid. Ongetwijfeld zal hier of daar in de geboden samenvatting van het oudste christelijke opstandingsgeloof een en ander gecorrigeerd kunnen worden. 'In deze bewogen maanden van het begin waren verschillende bewegingen en ontdekkingen naast en met elkaar, soms zelfs verwarrend 'door elkaar' mogelijk. De ontmoetingen met de Opgestane vormen... een verstrengelde knoop, waarvan de afzonderlijke draden niet meer nauwkeurig ontward en chronologisch kunnen worden geordend.'[123]

Het opstandingsgeloof van de oudste gemeente en wij — of: Kunnen wij nog Christen zijn?

Wij kunnen vandaag de uitspraken over de opstanding van Jezus niet meer letterlijk nemen. Zeker is in ieder geval dat de mensen indertijd 'letterlijk' aan de opstanding hebben geloofd. Dat kan en mag men niet relativeren. Maar de conclusie als zouden we daarom ook vandaag aan de 'lijfelijke' werkelijkheid van de opstanding moeten geloven, heeft geen enkele grond. Het is de typische foute conclusie, die allerwege wordt getrokken. *Wanneer het lichaam van Jezus niet opnieuw tot leven kwam, helpt het ons niet verder dat we de mythen daarover nieuw leven inblazen.* Wanneer Jezus niet *zo* opstond, heeft dat zwaarwegende consequenties voor onze religie, zonder dat dit tegelijk haar einde zou betekenen. Maar uit het feit dat de oerchristelijke religie ooit met het geloof in het weer tot leven komen van het lichaam van Jezus was verbonden, kan men niet zonder meer concluderen, dat wij ook vandaag, als we echt Christen willen zijn, aan dit opnieuw tot leven komen moeten geloven. *Het was geen historisch feit, maar een geloofsoordeel.* We kunnen niet blind 'meegeloven', en dat moeten we eerlijk toegeven!

Het oerchristelijk geloof resulteerde uit de *toenmalige* interpretatie van een gebeuren tegen de achtergrond van het *toenmalige* wereldbeeld, dus in het kader van de *toenmalige* mogelijkheden. De toekomst zal hetzelfde gebeuren wellicht opnieuw anders interpreteren. Met de veranderde interpretatie verandert noodzakelijkerwijs ook de *uiterlijke vorm van het geloof*, dat immers pas op grond van de interpretatie wordt gedefinieerd. De kern van het geloof, dus dát gebeuren wat allereerst de (uiteenlopende) interpretaties teweegbracht, blijft daarbij onveranderlijk! De vorm van het geloof daarentegen moet veranderd worden. Want in een dogmatisering van de leer van de opstanding van Jezus bestaat juist het gevaar dat een stuk levendige religie letterlijk ten grave wordt gedragen.

We kunnen dus heel concreet stellen: *Het graf van Jezus was niet leeg, maar gevuld, en zijn lichaam is niet opgestaan, maar vergaan.* Zelfs vandaag, of vandaag opnieuw, proberen niet weinigen te ontsnappen aan deze onontkoombare conclusie. Bij al die opstellingen gaat het om uitwijkmanoeuvres ten opzichte van de geschiedenis. De historische vragen worden daarbij óf gereduceerd tot kwesties die ten opzichte van de theologie marginale betekenis hebben, óf ook de theologie beweert in het pathos van elkaar overbieden de beste geschiedwetenschap te zijn. Maar alleen al deze inzet tot bestrijding van de geschiedwetenschap toont, dat het bij de historische vragen gaat om een beslissende kwestie, waarop onze tijd *antwoorden* verwacht.

Met de verandering van het natuurwetenschappelijk wereldbeeld hebben de uitspraken over de opstanding van Jezus hun letterlijke betekenis onherroepelijk verloren.[124]

In de theologische wetenschap komt het terrein van de dogmatiek onder andere de taak toe, om onder veranderde omstandigheden de christelijke geloofsinhoud te onderzoeken op zijn bepaald-zijn door de tijd, en waar nodig te corrigeren, resp. te actualiseren. Zo is ook in dit speciale geval van de 'opstanding van Jezus' de dogmatiek geroepen, om uit een veranderde situatie consequenties te trekken. Daarin ligt nu een grote kans, namelijk om het christelijk geloof weer 'geloofwaardig' te maken. Deze geloofwaardigheid van de theologie, tegelijkertijd ook de geloofwaardigheid van de christelijke kerk(en), kan tegenwoordig door veel factoren ter discussie worden gesteld. Toch is dit niet om zo te zeggen ongeveer haar einde, maar het kan leiden tot een nieuwe oriëntatie, die weer aanleiding kan geven tot het openbreken van vermolmde structuren en de ontwikkeling van 'moderne' vormen.

Wanneer de traditionele voorstellingen omtrent de opstanding van Jezus als afgedaan worden beschouwd en door een andere visie zijn vervangen, doet zich natuurlijk direct de onvermijdelijke vraag voor: Zijn we dan nog wel Christen?

Nu werd hierboven al op verscheidene plaatsen erop gewezen, dat Petrus door het Paasgeloof in de grond van de zaak tot een beter begrip van de Jezus, die hij tijdens diens leven had meegemaakt, was gekomen. De ervaring van de grenzeloze genade van God, die Petrus in de persoonlijke omgang met Jezus had opgedaan, werd met Pasen onherroepelijk gemanifesteerd. Bovendien had Pasen een voortzetting van de tevoren in de kring van de discipelen gemeenschappelijk gebruikte maaltijden in de gemeente van toen tot gevolg. Pasen leidde dus tot een ervaring met Jezus, die de oude, nog uit de tijd van Jezus zelf daterende ervaring versterkte. Niet Jezus of zijn boodschap hadden de 'Paasgebeurtenis' nodig, maar Petrus en de discipelen.

Ten slotte leverde de historische reconstructie op, dat de kenmerken van de Paaservaring (vergeving van zonden, ervaring van het leven, ervaring van de eeuwigheid) in woord en geschiedenis van Jezus al aanwezig waren. Zo zal men moeten concluderen: *Vóór Pasen was alles al aanwezig, wat na Pasen definitief herkend werd.* Daartussen lag weliswaar het bloedige feit van het kruis. Over het kruis heen heeft Jezus zich —naar het geloof geoordeeld — aan de discipelen als de Levende bewezen. Daarbij kan niemand historisch bewijzen, dat Jezus het kruis bewust op zich heeft genomen; het kan echter ook niet worden weerlegd. Het geloof erkent in het kruis van Jezus echter de aanvaarding van de dood als levensakte.[125] Het herkent het diepste, meest heimelijke 'ja' van God daar, waar het hart eerst niets dan 'nee' verneemt. Het schouwt een eeuwigheid die als zodanig verborgen is, een genade die als zodanig verborgen is en een altijd durende vrijheid daar, waar de neutrale waarnemer slechts de dood van Jezus aan het kruis ziet. Vanzelfsprekend beziet hij de geschiedenis niet meer zoals men de natuur bekijkt, maar bekijkt hij haar in voortdurend gesprek met en een betrokken zijn op haar. De noodzakelijke historische distantie blijft gehandhaafd, maar tegelijkertijd wordt een *persoonlijke* houding van horen en 'zien' ingenomen.

Dat betekent evenwel ook, dat van de inhoud van het overgeleverde geloof niets wordt afgedaan, als men maar vragen stelt die voldoende kritisch zijn en historisch onderzoek niet direct al ziet als een bedreiging van het geloof. Om het nog eens anders te zeggen: woord en geschiedenis van Jezus bergen alle wezenlijke kenmerken van het oudste opstandingsgeloof al in zich, zodat de vroege getuigen, gelouterd door het kruis, ten dele in een andere taal, hetzelfde zeiden als Jezus. *Op de vraag: 'Kunnen we nog Christen zijn?' kan daarom getroost met 'ja' worden geantwoord.*

De andere vraag, of daartoe eigenlijk nog wel het geloof in God, de Vader, en Jezus, zijn Zoon, noodzakelijk is, moet eveneens nadrukkelijk met ja worden beantwoord, omdat Jezus niet een uitvinding of een projectie is. De mens Jezus is de *objectieve* macht, die de altijddurende basis van de belevingen van een Christen vormt. Door hem worden we 'pas opgenomen in een waarachtige gemeenschap met God'.[126]

Natuurlijk moet ook gezegd worden, dat historische bewijzen alleen niet toereikend zijn. 'Jezus is... een persoon die ons door historische overdracht ontmoet, die als alle levende personen in hun zich-verstaanbaar-maken niet aan de tijd gebonden is,... alle zekerheid in de *persoonlijke verhouding* gaat op aan relatief twijfelachtig, alleen door interpretatie verworven materiaal.'[127]

De beslissing van het geloof valt dus hier, bij de historische Jezus, zoals hij ons door de teksten is overgeleverd en ons door historische reconstructie als persoon ontmoet, en niet bij de opgestane Christus, zoals we hem ons wensen.

Toch *geloof* ik, dat deze Jezus door de dood niet werd prijsgegeven aan de vernietiging. Ons geloof in *zijn* zijn bij God, zijn verhoging, zijn opstanding en zijn leven komen voort uit *onze* gemeenschap met God als van zelf — maar in voortdurende betrokkenheid op *Jezus'* menszijn — zonder dat er overigens uitspraken over de aard van zijn tegenwoordig zijn mogelijk zijn. Hij is ons als Verhoogde verborgen, en alleen in God is onze toegang tot hem gelegen. Wij moeten ons houden aan de historische Jezus, maar mogen geloven dat hij ook als de *nu* levende bij ons is.

Als — samenvattend — kan worden gezegd, dat de mens Jezus als grond van ons geloof het spoor van God in ons leven is, en geloofsgedachten ontstaan uit de daarmee geopende gemeenschap met God, dan is aan het slot de vraag geoorloofd: Wat moet men aan met de misschien wel belangrijkste gedachte van het geloof, van de hoop op de opstanding? Concreet gezegd: Wat moeten we denken van onze eigen toekomst, van onze eigen dood?

Ik geloof, dat de in het geloof ervaren eenheid met God over de dood heen blijft bestaan. Ze wordt in God voltooid, nog in de nacht van de dood. Het heeft geen zin vragen te stellen die verder reiken dan tot hier, over hetgeen hierna zal geschieden.

Zo verstaan schijnt het christelijk geloof in vergelijking met vroegere tijden bijna tot een minimum gereduceerd te zijn, maar het is daardoor elementair geworden. Het is niet jammer, dat voortaan een Christen kan leven van het weinige dat hij wérkelijk gelooft, en niet meer hoeft te leven met het vele, dat hij al tobbend met alle geweld geloven moet. Het is een grote bevrijding, die de kiem van het nieuwe al in zich draagt.

Noten

1. Hans Kessler, *Sucht den Lebenden nicht bei den Toten.* Die Auferstehung Jesu Christi in biblischer, fundamentaltheologischer und systematischer Sicht, 2e druk 1987, p. 19.
2. Jürgen Moltmann, *Theologie der Hoffnung*, BEvTh 38, 8e druk 1969, p. 150.
3. Hans Küng, *Christ sein*, 1974, p. 371.
4. Willi Marxsen, *Die Auferstehung Jesu von Nazareth*, 1968, p. 129.
5. Karl Jaspers, *Der philosophische Glaube*, 1948, p. 61.
6. Hans Grass, *Ostergeschehen und Osterberichte*, 4e dr. 1970, p.13.
7. Hans v. Campenhausen, *Der Ablauf der Osterereignisse und das leere Grab*, SAH, phil.-hist. Klasse, 1952, 4e dr. 1977, p. 54 (= in: idem: Tradition und Leben. Kräfte der Kirchengeschichte, 1970, p. 48-113, hier p. 111v).
8. Moltmann (als noot 2), p. 165.
9. Het merendeel van de theologen kiest overigens voor ca. 49.
10. Formule van de dood: Rom. 5:8; 14:15; 1 Kor. 8:11; Gal. 2:21; 1 Thess. 5:10. Formule van de opwekking: Rom. 4:24; 10:9; 1 Thess. 1:10. Vgl. Philipp Vielhauer, *Geschichte der urchristlichen Literatur*, 1975, p. 15-18.
11. Eduard Lohse, *Martyrer und Gottesknecht*, FRLANT 64, 2e dr. 1963, p. 113.
12. Het is niet uit te sluiten dat 'daarna' door Paulus werd ingevoegd in plaats van een oorspronkelijk 'en' met het oog op de andere verschijningen, die hij nog wilde laten aansluiten op het voorafgaande. Maar zelfs dan blijft een aparte verschijning aan Kefas alleen waarschijnlijk.
13. Dat weten we uit fragmenten van een in Delphi gevonden, in steen gebeitelde brief van keizer Claudius (41-54), de zogenaamde 'Gallio-inscriptie'.
14. Afgezien van de in v. 47 opnieuw optredende vrouwen als getuigen en van de verzen 44-45, die Mattheus en Lucas nog niet bij Marcus aantroffen (vgl. Rudolf Bultmann, *Die Geschichte der synoptischen Tradition*, FRLANT 29, 7e dr. 1967, p. 296).
15. Vgl. Heinz-Wolfgang Kuhn, *Die Kreuzesstrafe während der frühen Kaiserzeit.* Ihre Wirklichkeit und Wertung in der Umwelt des Christentums, ANRW II 25.1, 1982, p. 648-793, hier p. 751v ('Over de duur van het hangen aan het kruis'). Om de korte duur van de doodsstrijd van Jezus (minder dan zes uren; vgl. M. 15:25-33) te verklaren, wordt dikwijls een 'traumatische shock' of 'ernstig bloedverlies' aangenomen.

16. Vgl. David Daube, *The New Testament and Rabbinic Judaism*, 1973 (= 1956), p. 312. De navolgende uiteenzettingen over de oneervolle begrafenis sluiten nauw aan bij Daube (p. 301-324).
17. Het evangelie van Petrus, daterend uit het midden van de 2e eeuw, werd niet in het Nieuwe Testament opgenomen.
18. Jozef 'nam de Heer, waste hem, hulde hem in een linnen doek en legde hem in zijn eigen graf, Jozefs tuin genoemd'.
19. 'Hij behoedt al zijn beenderen, niet één daarvan wordt gebroken.'
20. 'Ik heb gehoord over mensen, die gekruisigd werden, die men echter, omdat ... feestdagen ophanden waren, van het kruis afnam en aan verwanten gaf, zodat ze een begrafenis in waardigheid kregen, in overeenstemming met het gebruik. Want ook de doden zouden een voordeel moeten ontlenen aan de geboortedag van de alleenheerser, en tegelijkertijd dient de heiligheid van het feest gewaarborgd te blijven' (Philo, Flacc.83).
21. Vgl. Joachim Jeremias, *Heiligengräber in Jesu Umwelt* (Matt. 23:29; Luc. 11:47). Eine Untersuchung zur Volksreligion der Zeit Jesu, 1958, p. 145: 'Deze wereld van heilige graven was een reëel bestanddeel van de wereld, waarin de oergemeente leefde. Het is ondenkbaar, dat zij, levend in die wereld, het graf van Jezus aan de vergetelheid zouden hebben prijsgegeven, temeer omdat voor hen degene die in dit graf had gelegen, meer was dan zomaar een rechtvaardige, martelaar en profeet.' De 'herontdekking' van het graf van Jezus in het jaar 326 heeft met de werkelijke plaats van zijn begrafenis niets van doen en is een vrome legende.
22. Lyder Brun, *Die Auferstehung Christi in der urchristlichen Überlieferung*, 1925, p.31.
23. Joachim Jeremias, *Neutestamentliche Theologie*, 1971, p. 285. Aan dit boek zijn in het vervolg van onze tekst motieven voor deze stelling ontleend.
24. In Joh. 12:1-18 is uit deze anonieme vrouw Maria geworden (een duidelijk teken van een groeiproces van de oorspronkelijke traditie).
25. Andere voorbeelden voor dergelijke kaders bij Marcus zijn: 1:21-28 tot 6:1-6 (wonderen); 6:30-44 tot 8:1-9 (wonderbare spijzigingen); 8:22-26 tot 10:46-52 (genezing van blinden); 15:40-41 tot 15:47 (lijst van vrouwen).
26. Over de figuur van de jongeman vgl. PetrEv 9:36: Twee jonge mannen dalen in een grote lichtglans van de hemel neer. Het witte gewaad wordt in Marc. 9:3 als bovenaards beschouwd.
27. Andreas Lindemann, *Die Osterbotschaft des Markus*. Zur theologischen Interpretation von Mark 16:1-8, in: NTS 26.1980, p. 298-317, hier p. 305.

28. Brun (als noot 22), p. 11.
29. De asterisk betekent dat hier de traditie van vóór Marcus bedoeld wordt, die aan deze verzen ten grondslag ligt, maar niet de letterlijke tekst van Marcus, zoals die in het Nieuwe Testament werd opgenomen.
30. Bultmann, *Geschichte* (als noot 14), p. 309.
31. Vgl. Arnold Meyer, *Die Auferstehung Christi.* Die Berichte über Auferstehung, Himmelfahrt und Pfingsten, ihre Entstehung, ihr geschichtlicher Hintergrund und ihre religiöse Bedeutung, Lebensfragen, 1905, p. 63v.
32. Joachim Gnilka, *Das Evangelium nach Markus II*, EKK II/2, 1979, p. 353.
33. De parallelle plaatsen worden hieronder tussen haken geplaatst achter de betreffende verzen van het slot van Marcus: v. 9v (Luc. 8:2; Joh. 20:1, 11-18); v. 11 (Luc. 24:11); v. 12v (Luc. 24:13-35); v. 14 (Luc. 24:36-43; Hand. 1:4); v. 15v (Luc. 24:47); v. 17v (Hand. 16:16-18); 2:1-11; 28:3-6; 3:1-10; 9:31-35; 14:8-10; 28:8v); v. 19 (Hand. 1:9; Luc. 24:51); v.20 (Hand. algemeen).
34. Grass, *Ostergeschehen* (als noot 6), p. 35.
35. Lucas strijkt daarmee de tekst stilistisch glad; in het verhaal van Marcus worden al direct daarvoor (Marc. 15:47) vrouwen genoemd, die ten dele identiek zijn met die uit Marc. 16:1. Doordat hij in Luc. 23:55 (en in Luc. 23:49) slechts in het algemeen over vrouwen spreekt en hen in Luc. 14:10 met name noemt, vermijdt hij de harde overgang van Marc. 16:1.
36. Vgl. Joachim Jeremias, *Die Sprache des Lukasevangeliums*, KEK Sonderband, 1980, p. 312 over Luc. 24:12.
37. Vgl. Hans Conzelmann, *Die Mitte der Zeit*. Studien zur Theologie des Lukas, BHTh 17, 5e dr. 1964, p. 141-144.
38. Hans Dieter Betz, *Ursprung und Wesen christlichen Glaubens nach der Emmauslegende* (Luc. 24:13-32), in: ZThK 66. 1969, p. 7-21, hier p. 12 = idem, Synoptische Studien. Gesammelte Aufsätze II, 1992, p. 35-49, hier p. 40.
39. Waarom is hij op deze plaats zo kort van stof en vertelt hij geen verhaal van de eerste verschijning? Poging tot een antwoord: de eerste verschijning vond plaats in Galilea en daarvoor had Lucas wegens zijn Jeruzalems perspectief geen ruimte. Lucas kende heel goed een verhaal over de eerste verschijning aan Petrus. Maar hij heeft dat in Luc. 5:1-11 verwerkt en daarmee in het leven van Jezus teruggeplaatst (zie p. 117vv).
40. Hermann Gunkel, *Zum religionsgeschichtlichen Verständnis des Neuen Testaments*, FRLANT I, 1903, p. 71. Vgl. idem, Genesis, 4e dr. 1917,

p. 193v.

41. Klopas is de joodse uitspraak van Kleopas (vgl. Theodor Zahn, Forschungen zur Geschichte des neutestamentlichen Kanons und der altkirchlichen Literatur VI, 1980, p. 343v, noot 3). Opmerkelijk is voorts dat Joh. 19:25 een van de vrouwen bij het kruis 'Maria, de (vrouw) van Klopas' noemt.
42. Eusebius, KG III 11; IV 22:4.
43. Zie voor de parallelle tekst Joh. 20:19-23 p. 95vv.
44. De christelijke theoloog Justinus kent in het midden van de tweede eeuw in de dialoog met de Jood Tryphon eveneens deze joodse bewering: 'Nadat u heeft vernomen van zijn opstanding uit de doden, heeft u zich niet alleen niet bekeerd, maar u hebt ... zorgvuldig mannen uitgezocht en ze over de hele wereld uitgestuurd om te verkondigen: een goddeloze en verwerpelijke sekte is door een zekere Galileeër Jezus, een verleider, in het leven geroepen; we hebben hem gekruisigd, maar zijn discipelen hebben hem uit het graf, waarin hij, nadat hij van het kruis was afgenomen, gelegd was, 's nachts gestolen en ze maken de mensen wijs, dat hij uit de doden is opgestaan en is opgevaren ten hemel' (Dial. 108, 2).
45. Vertaling naar A.F.J. Klijn, *Apocriefen van het Nieuwe Testament*, I, 1984, p. 34v.
46. Naar de vertaling in Wilhelm Schneemelcher (Hrsg.), *Neutestamentliche Apokryphen II*, 2e dr. 1989, p. 551v (C. Detlef/G.Müller).
47. Mattheus gebruikt het werkwoord 'aanbidden' al in 8:2; 9:18; 14:33; 15:25; 20:20; de tekst van Marcus, die als model diende, gebruikt hij daar niet! Daardoor drukt Mattheus uit, dat al de aardse Jezus de volmacht van de Opgestane bezit.
48. Charles Harold Dodd, *Die Erscheinungen des auferstandenen Christus* (1957), in: Paul Hoffmann (Hrsg.), Zur neutestamentlichen Überlieferung von der Auferstehung Jesu, WdF 522, 1988, p. 139-193, p. 297-330, hier p. 299-305.
49. Grass, *Ostergeschehen* (zie noot 6), p. 27.
50. Toch is de samenhang van God, Jezus en Geest ook bij Paulus al in beginsel aanwezig: 2 Kor. 1:21v; 2 Kor. 13:13; 1 Kor. 12:4-6.
51. Mattheus spreekt nadrukkelijk slechts over elf discipelen (Matt. 28:16), evenals enkele handschriften met betrekking tot 1 Kor. 1:15:5. Dat gaat terug op de overweging dat Judas eigenlijk van de twaalf moest worden afgetrokken. Oorspronkelijk meldt de traditie echter zeker een verschijning aan de 'Twaalf'.
52. Thorwald Lorenzen, *Der Lieblingsjünger im Johannesevangelium*. Eine Redaktionsgeschichtliche Studie, SBS 55, 1971, p. 25v.

53. Rudolf Bultmann, *Das Evangelium des Johannes*, KEK 2, 10e dr. 1968, p. 528.
54. Vgl. PetrEv 12:52: Maria Magdalena en haar vriendinnen spreken bij het graf van Jezus: 'Als we dan op die dag, dat hij gekruisigd werd, al niet konden huilen en klagen, dan zullen we dat tenminste nu aan zijn graf doen.'
55. Johannes Lindblom, *Geschichte und Offenbarungen*. Vorstellungen von göttlichen Weisungen und übernatürlichen Erscheinungen im ältesten Christentum, 1968, p. 98.
56. Bultmann, *Johannes* (als noot 53), p. 533.
57. 'Vrees voor de Joden' is in het evangelie van Petrus een algemeen motief; vgl. 12:52: Maria Magdalena en haar vriendinnen 'vreesden dat de Joden hen zouden zien'; 12:50. Maria Magdalena had 'uit vrees voor de Joden, daar (dezen) brandden van toorn ... aan het graf van de Heer niet gedaan, wat de vrouwen gewoon waren te doen bij de stervende die zij liefhadden.' Het motief komt voor in de jongere delen van de opstandings- resp. graftraditie, waar tussen 'Joden' en 'Christenen' al een duidelijk onderscheid wordt gemaakt, en waar de Joden niet meer als volk, maar algemeen als een gemeenschap gelden die vijandig is jegens de Christenen. Dit is nóg een argument dat pleit voor de gedachte dat het verhaal van Johannes ofwel achteraf is toegevoegd, ofwel van zeer late datum is.
58. Bultmann, *Johannes* (zie noot 53), p. 536.
59. Anton Dauer, *Johannes und Lukas*, fzb 50, 1984, p. 235.
60. Günter Bornkamm/Gerhard Barth/Heinz Joachim Held, *Überlieferung und Auslegung im Matthäusevangelium*, WMANT 1, 1960, p. 124.
61. Bultmann, *Johannes* (als noot 53), p. 539.
62. Nathanaël resp. Thomas staan telkens buiten iets wat in de kring van de discipelen plaatsvindt (Joh. 1:45/20:24), worden aangesproken (Joh. 1:45/20:25), brengen een bezwaar naar voren (Joh. 1:46/20:25), worden door Jezus overreed (Joh. 1:47/20:26v) en uiten een lofprijzing (Joh. 1:49/20:28). Ten slotte neemt Jezus nog eenmaal het woord en spreekt een berisping uit (Joh 1:50v/20:29; vgl. de identieke beginwoorden ; 'Omdat je ... geloof je/heb je geloofd').
63. Dauer (als noot 59), p. 253.
64. Ernst Haenchen, *Das Johannesevangelium*. Ein Kommentar, 1980, noemt op p. 594 nog veel meer eigenaardigheden in de taal van Joh. 21 ten opzichte van 1-20.
65. Rudolf Schnackenburg, *Das Johannesevangelium III.* Teil, HThK IV.3, 5e dr. 1986, p. 422.

66. Vgl. voor hetgeen volgt Bultmann, *Johannes* (als noot 53), p. 555.

67. Het is weliswaar altijd moeilijk om op dit punt tot uitspraken te komen die slechts ten dele zeker zijn, maar toch zou men de mogelijkheid van een terugdateren van de Paasgebeurtenissen in het leven van Jezus niet helemaal moeten uitsluiten. Ook de woorden van de aardse Jezus waren voor de gemeente slechts vermeldenswaard voorzover ze tegelijk als woorden van de (nu) Verhoogde konden worden gelezen en verstaan. Naast de behandelde teksten zijn de volgende verhalen in het onderzoek als oorspronkelijke Paasverhalen opgevat: Marc. 6:45-52 (Jezus wandelt op het meer) samen met de toevoeging van Mattheus in 14:28-31 (Petrus gaat als eerste de op het meer wandelende Jezus tegemoet, maar verliest dan de moed); Marc. 9:2-8 (de verheerlijking op de berg).

68. Zo Günter Klein, *Die Berufung des Petrus* (1967), in: idem, Rekonstruktion und Interpretation, BEvTh 50, 1969, p. 11-48, hier p. 28: 'Want als het voor één geldt dan wel voor Petrus, dat zijn uitzending samenvalt met zijn Paaservaring.'

69. Emanuel Hirsch, *Osterglaube*. Die Auferstehungsgeschichten und der christliche Glaube (hrsg. v. Hans Martin Müller), 1988, p. 50. Deze opvatting wordt met grote stelligheid, maar zonder argumentatie, bestreden door Bultmann, *Johannes* (zie noot 53), p. 546, noot 3.

70. Hirsch, *Osterglaube* (als noot 69), p. 50.

71. Bultmann, *Geschichte* (als noot 14). Argumenten uit deze studie in het vervolg van onze tekst.

72. Het evangelie van Johannes (18:15-18, 25-27) bevat naar algemeen oordeel geen zelfstandige traditie ten aanzien van de verloochening en kan hier buiten beschouwing blijven.

73. Over het negatieve gebruik van 'Nazarener' vgl. Marc. 1:24; 10:47; 16:6.

74. Vgl. 9:32.

75. Bultmann, *Geschichte* (als noot 14), p. 287v. Elementen uit zijn betoog in het vervolg van onze tekst.

76. Ulrich Wilckens, *Auferstehung*, Themen der Theologie 4, 1970, p. 148.

77. Günter Klein, *Die Verleugnung des Petrus* (1961), in: idem, Rekonstruktion und Interpretation, BEvTh 50, 1969, p.49-90 (Post scriptum: p. 90-98), hier p. 74-90.

78. Martin Dibelius, *Die Formgeschichte des Evangeliums*, 6e dr 1971, p. 217.

79. Yorick Spiegel, *Der Prozess des Trauerns*. Analyse und Beratung, KT 60, 7e dr. 1989. Elementen uit zijn betoog in het vervolg van onze tekst.

80. Colin Murray Parkes/Robert S. Weiss, *Recovery from Bereavement*, 1983.
81. Al in de vorige eeuw had bijvoorbeeld Chr. Hermann Weisse dat betoogd in zijn *Die evangelische Geschichte kritisch und philosophisch bearbeitet II*, 1838, p. 416-420. In het moderne onderzoek is het onder meer overwogen door Jeremias, Theologie (als noot 23), p. 292.
82. Het joodse Pinksterfeest, dat gevierd werd op de vijftigste dag na het Pascha, is het oudtestamentische Wekenfeest (Ex. 34:22) dat ook ten tijde van Jezus nog zijn karakter als oogstfeest had behouden. Vgl. Eduard Lohse, *Art. pentekoste*, in: ThWNT VI, 1959, p. 44-53.
83. De wetenschappelijke term voor een dergelijk fenomeen is 'glossolalie'. Bedoeld wordt een voor omstanders in eerste instantie onverstaanbaar gebrabbel van mensen die in extase verkeren.
84. In het beeld 'uitdoven' komt iets van het welhaast archaïsche functioneren van de Geest als vuur tot uitdrukking (vgl. Hand. 2:3: 'tongen als van vuur').
85. Volgens Hand. 2:41 gaat het bij die gebeurtenis om circa drieduizend mensen, volgens Hand. 1:15 waren er in de tijd na Pasen bij de verkiezing van Matthias bij de kring van de twaalf ongeveer honderdtwintig broeders bijeen. Hoewel de stijging van honderdtwintig naar drieduizend zeker strookt met de tendens van Lucas om het grootse effect van de zendingsarbeid te illustreren, kan daarachter evenwel tegelijkertijd de wetenschap schuilen omtrent een geringere, maar niet kleine schare van Christenen in de vroegste tijd van het christendom, die hij heeft vermenigvuldigd. Paulus schijnt kennis te dragen van het leven van de 'meer dan vijfhonderd', zoals de bijzin in 1 Kor. 15:6 laat blijken.
86. Gustav Le Bon, *Psychologie der Massen*. Met een inleiding van Peter R. Hofstätter, 15e dr. 1982 (= 1911). In het vervolg van onze tekst wordt van deze studie gebruik gemaakt.
    Er moet wel op gewezen worden dat Le Bon deze gedachten ontwikkelde om elke vorm van religie in de traditionele zin in diskrediet te brengen. Maar waarom zou hij ondanks zijn antireligieuze, uitgesproken vijandige instelling niet op een aantal zakelijke punten gelijk kunnen hebben? Ik gedraag me in hetgeen volgt naar het motto van Paulus in 1 Thess. 5:21: 'Onderzoekt alles en behoudt het goede'.
87. Ernest Renan, *Die Apostel*, 1866, schildert dat als volgt: 'Het kenmerkende van de zieletoestand, waarin de extase en de verschijningen ontstaan, is, dat anderen erdoor worden aangestoken. De geschiedenis van alle grote religieuze crises bewijst, dat deze vormen van visioenen op de ander worden overgedragen; in een samenle-

vingsverband, waarin mensen met hetzelfde geloof elkaar vinden, is het voldoende dat één lid van deze groep beweert iets bovennatuurlijks te zien of te horen, om te bewerken dat ook de anderen zien en horen... De geestdrift van de één deelt zich aan allen mee; niemand wil achterblijven of toegeven, dat hij minder begunstigd is dan de anderen...' (p. 70v).

88. Renan (als noot 87) beschrijft het proces - vanuit een perspectief dat kritisch staat ten opzichte van het christendom - als volgt: 'Deze eerste dagen waren dus als een periode van hevige koorts, waarin de gelovigen, de een de ander verdovend, de een de ander met zijn dromerijen opzadelend, de een de ander meeslepend, zich gemeenschappelijk overgaven aan de meest overdreven ideeën. Visioenen vermenigvuldigden zich onophoudelijk. De bijeenkomsten 's avonds waren de gebruikelijke gelegenheden, waar ze opdoken. Nadat de deuren gesloten waren en allen bevangen waren van hun dwangvoorstellingen, gaf de eerste die het zachte woord 'sjalom' ... dacht te horen, het teken. Allen luisterden en hoorden algauw hetzelfde... Na verloop van enige dagen vormde en verbreidde zich een hele cyclus van verhalen, die onderling in hun details van elkaar afweken, maar die door dezelfde geest van liefde en van onvoorwaardelijk geloof waren ingegoten. Het is een grote vergissing om te geloven, dat de legende een tamelijk lange tijd nodig zou hebben om zich te vormen. De legende ontstaat soms op één dag.' (p. 77v).

89. Van het 'zien' door 'alle apostelen' weten we absoluut niets; het moet dus in hetgeen nu volgt buiten beschouwing blijven.

90. Dit evangelie is vermoedelijk ontstaan in de eerste helft van de tweede eeuw.

91. Vertaling A.F.J. Klijn in idem, *Apokriefen van het Nieuwe Testament I*, 1984, p. 26.

92. Wellicht is in het Evangelie van Thomas iets soortgelijks bewaard gebleven. Spreuk 12 luidt: 'De discipelen zeiden tegen Jezus: Wij weten, dat u ons zult verlaten; wie is het, die groot over ons zal zijn? Jezus zei tegen hen: Daar, waar jullie naar toe zullen zijn gegaan, zullen jullie Jacobus, de rechtvaardige, opzoeken, voor wie hemel en aarde gemaakt zijn.'

93. Deze familiepolitiek speelde blijkbaar ook buiten Jeruzalem een grote rol: Bisschop Polykrates van Efeze (eind tweede eeuw) was bijvoorbeeld het achtste lid van een familie op de bisschopsstoel aldaar (Eusebius, KG V 24, 6).

94. Vgl. Friedrich Pfister, *Art. Ekstase*, in: RAC IV, 1959, kol. 944-987; Wolfgang Speyer, *Frühes Christentum im antiken Strahlungsfeld*, WUNT 50, 1989, Reg. s.V. Ekstase - met goedgekozen verwijzin-

gen naar antieke en moderne (Nietzsche!) parallellen.

95. In het vervolg van onze tekst sluit ik nauw aan bij mijn studie *Das frühe Christentum nach den Traditionen der Apostelgeschichte*, 1987, p. 112-115.

96. Lindblom (als noot 55), p. 48.

97. Lindblom (als noot 55), p. 32.

98. Vgl. vooral de volgende teksten: Job 4:12-16; Jes. 6; Dan. 10:4-21; Ez. 1:1-3, 15; Amos 7:1-9:10.

99. Vgl. slechts 1 Henoch 14; Esr. 3:1-9:25 (met toelichtingen van Hermann Gunkel, in: Emil Kautzsch, Hrsg., Die Apokryphen und Pseudepigraphen des Alten Testaments II, 2e dr. 1962 (= 1900), p. 341v).

100. Vgl. Klaus Berger, *Visionsberichte*. Formgeschichtliche Bemerkungen über pagane hellenistische Texte und ihre frühchristlichen Analogien, in: idem/François Vouga/Michael Wolter/Dieter Zeller: Studien und Texte zur Formgeschichte, TANZ 7, 1992, p. 177-255 (met talrijke in het Duits vertaalde voorbeelden).

101. James M. Robinson, *Jesus - from Easter to Valentinus (or to the Apostles' Creed)*, in: JBL 101. 1982, p. 5-37, verwijst naar Openb. 1:13-16 als gedetailleerd opstandingsvisioen van het Nieuwe Testament, alsook naar Hand. 7:55v (p. 10).

102. Kessler (als noot 1), p. 221.

103. Carl Holsten, *Zum Evangelium des Paulus und des Petrus*, 1868, p. 65. Argumenten van hem worden door ons in het vervolg van onze tekst gebruikt.

104. Eduard Meyer, *Ursprung und Anfänge des Christentums III: Die Apostelgeschichte und die Anfänge des Christentums*, 1923, p. 238.

105. Vgl. Ernst Benz, *Paulus als Visionär.* Eine vergleichende Untersuchung der Visionsberichte des Paulus in der Apostelgeschichte und in den paulinischen Briefen, AAWLM.G 1952, Nr 2, p. 112 (36): 'De verkondiging van de apostel was sterker doortrokken van visionair beleven dan de meeste van zijn huidige exegeten willen accepteren. Maar bij de gemeenten, die hij stichtte en waarvoor hij preekte, was het feit bekend, en tegenover hen kon hij er zich op beroepen. Zijn huidige lezers en hoorders moeten echter leren om de visionaire tonen van zijn boodschap weer in hun gehele klankrijkdom te beluisteren en zijn theologie als de ervarings-theologie van een visionair te verstaan.'

106. 'Pneuma' is het Griekse word voor 'geest'.

107. Over de derde hemel: Hen. (sl) A hoofdst. 8: 'en ze voerden mij weg de derde hemel in en plaatsten mij midden in het paradijs'; Apc. Mozes 37:5: Het bevel van God aan de aartsengel Michaël luidt: 'Verhef hem (nl. Adam) tot in de derde hemel in het paradijs en laat

hem daar tot de grote, vreselijke dag, die ik de wereld nog zal geven'.

108. Ernst Benz, *Die Vision*. Erfahrungsformen und Bilderwelt, 1969, p. 220.

109. Lindblom (als noot 55), p. 45.

110. Hans Windisch, *Der zweite Korintherbrief*, 1970 (= 1924), p. 377.

111. De volgende teksten tonen aan dat zien en horen bij dergelijke 'hemelreizen' en openbaringen onafscheidelijk met elkaar samengaan: 4 Ezra 10:55v: 'Ga naar binnen en bezie de pracht en de heerlijkheid van het gebouwd... Daarna zult u horen, zoveel als uw oren bevatten en horen kunnen'; Openb. 1:2: Johannes heeft 'van het Woord van God getuigd en het getuigenis van Jezus Christus, alles wat hij gezien heeft'.

112. Vgl. Benz, *Die Vision* (als noot 108), p. 15-34 ('Vision und Krankheit').

113. Hans Dieter Betz, *Eine Christus-Aretalogie bei Paulus* (2 Kor. 12;7-10), in: ZThK 66. 1969, p. 288-305, hier vooral p. 300.

114. Windisch (als noot 110), p. 380.

115. Ulrich Heckel, Der Dorn im Fleisch. Die Krankheit des Paulus in 2 Kor 12,7 und Gal 4,13f., in: ZNW 84. 1993, p. 65-92, heeft recentelijk de ziekte in 2 Kor. 12:7 gediagnosticeerd als hevige hoofdpijn ('trigeminus-neuralgie') en haar in verband gebracht met het lijden achter Gal. 4:13, dat de apostel dwong in Galatië te blijven (p. 87-92). Als er ook een relatie zou zijn tussen 2 Kor. 12:7 en Hand. 9:8 (waarop Heckel helemaal niet ingaat), dan ligt evenwel eerder de hypothese van een hysterische blindheid als ziekte van Paulus voor de hand. Deze hypothese zou ook de mogelijkheid bieden om een relatie te leggen met Gal. 4:13 en Gal. 6:11. Maar ik wil me hierop niet vastleggen. Volgens Guido Kluxen, Sehstörungen des Apostel Paulus, in: Deutsches Ärzteblatt 90, Heft 28/29, 19 juli 1993, B 1457-1459, leed Paulus 'vermoedelijk slechts aan een toestand van uitputting door hitte en zon na een lange reis' (B 1458).

116. In Filemon 9 noemt Paulus zich een 'oudere man', wat volgens de opvatting van Hippocrates slaat op iemand tot zijn zesenvijftigste jaar (in ieder geval heeft 'presbytes' altijd betrekking op de laatste levensfase). De brief aan Filemon werd omstreeks 55 geschreven, de bekering vond plaats circa 33.

117. Werner Georg Kümmel, *Römer 7 und die Bekehrung des Paulus*, 1929 = idem: Römer 7 und das Bild des Menschen im Neuen Testament. Zwei Studien, ThB 53, 1974, p. 1-160.

118. Vgl. Gerd Theissen, *Psychologische Aspekte paulinischer Theologie*, FRLANT 131, 1983, p. 11-49; voorts: Dieter Wyss, *Psychologie und Religion*. Untersuchungen zur Ursprünglichkeit religiösen Erlebens,

1991, p. 149-158.

119. De doorslag geeft mijns inziens Rom. 7; voor de interpretatie daarvan zij verwezen naar Theissen (zie noot 118), p. 181-223. Vgl. verder mijn bijdragen: *Psychologische Exegese: Röm 7 als Testfall*, in: Friedrich Wilhelm Horn (Hrsg.): Bilanz und Perspektiven gegenwärtiger Auslegung des Neuen Testaments, BZNW 75, 1994, p. 91-111, en: *Zwischen Karfreitag und Ostern*, in: H. Verweyen, Osterglaube ohne Auferstehung? Diskussion mit Gert Lüdemann, QD 155, 1995, p. 13-46, hier p. 33-40.

120. C.G. Jung, *Die psychologischen Grundlagen des Geisterglaubens* (1928), in: idem, Synchronizität, Akausalität und Okkultismus, dtv 15065, 1990, p. 109-126.

121. Vgl. Joh 18:28; 19:14; 13:1. Volgens de synoptische evangeliën is de vrijdag reeds de eerste dag van het Pascha. Toch is de eerste dag van het Pascha als dag waarop een doodvonnis werd voltrokken, uiterst onwaarschijnlijk.

122. Martin Hengel, *Psalm 110 und die Erhöhung des Auferstandenen zur Rechten Gottes*, in: Cilliers Breytenbach/Henning Paulsen (Hrsg.): Anfänge der Christologie (FS Ferdiand Hahn), 1991, p. 43-73, hier p. 69.

123. Hengel (als noot 122), p. 72.

124. Vgl. C.G. Jung, *Über die Auferstehung*, Gesammelte Werke 18/2: Das symbolische Leben, 1981, p. 742-747, hier p. 746: 'Het is merkwaardig, dat de Christenen nog steeds zo heidens zijn, dat ze de geestelijke existentie alleen maar als lichamelijk en als fysisch gebeuren opvatten. Ik vrees dat onze christelijke kerken dit choquerende anachronisme niet langer kunnen handhaven...'

125. In zoverre vooronderstelt het geloof historisch, dat Jezus van Nazareth de dood als leven heeft aanvaard.

126. Wilhelm Herrmann, *Der Verkehr des Christen mit Gott im Anschluss an Luther dargestellt*, 4e dr 1903, p. 50.

127. Emanuel Hirsch, *Christliche Rechenschaft I*, 1989 (= 1978), p. 32v.